Formentera

Mit Ibiza-Tipps

Das komplette Reisehandbuch

von Ariane Martin

UNTERWEGS VERLAG
MANFRED KLEMANN

Impressum

Dies ist eine Originalausgabe des
UNTERWEGS VERLAG MANFRED KLEMANN
Postfach 426 D-78204 Singen
Telefon 0 77 31/6 35 44 Fax 0 77 31/6 24 01
E-Mail: info@unterwegs.com
Internet: www.unterwegs.com

Formentera:
Texte und Recherche: Ariane Martin
Fotos: Ariane Martin, Unterwegs Verlag
Herstellung/Layout: Miriam Jäger
Ibiza:
Texte und Recherche: Manfred Klemann
Fotos: Unterwegs Verlag, Nadja Soyer
Herstellung/Layout: Miriam Jäger

Bibliografische Information Der Deutschen Bibliothek

Die Deutsche Bibliothek verzeichnet diese Publikation in der Deutschen Nationalbibliografie; detaillierte bibliografische Daten sind im Internet über http://dnb.ddb.de abrufbar.

Inhalt

Wissenswertes von A–Z

Inhalt

Die Orte auf Formentera

Willkommen auf Formentera

Vorwort

Endlich ist es da, das komplette Reisehandbuch für Formentera! Fast immer wurde die Insel nur am Rande erwähnt oder als Anhängsel von Ibiza behandelt. Wie ungerecht! In diesem Buch geht es also vornehmlich um die Insel Formentera, „das letzte Paradies im Mittelmeer", wie sie von ihren Fans gerne genannt wird. Obwohl nur etwas mehr als 82 Quadratkilometer groß, hat die Insel viele Freunde, die den Geheimtipp am liebsten unter vorgehaltener Hand weiter geben. Dass die Insel nur per Fähre von Ibiza aus erreichbar ist und keinen eigenen Flughafen besitzt, kommt ihr nur zugute. Auf diese Weise bleiben all diejenigen fern, die schuld sind am schlechten Ruf der Ferieninseln Ibiza und Mallorca. Von wegen Sangria aus Eimern, Bockwurst am Strand und Goldkettchen unter Hawaiihemden – Formentera ist und bleibt die Ausnahme unter den Balearen-Inseln (übrigens sind Ibiza und Mallorca herrliche Inseln, man muss nur wissen, wo man hingeht!).

Wer nach Formentera kommt, schätzt Ruhe und Gelassenheit und freut sich über die Begegnung mit eigensinnigen Charakteren, die es auf der ehemaligen Hippie-Insel zuhauf gibt. Auf dem berühmten Mäuerchen der Fonda Pepe beschrieb ein älterer Herr Formentera so: „Formentera ist ein bisschen Karibik und ein bisschen Sylt". Ein paar frisch Angereiste hoben erstaunt die Köpfe, naja, ob das wohl stimmt? Zumal die Gemeinsamkeiten von Karibik und Sylt ja auch eher versteckter Natur sind. Aber tatsächlich! Nach ein paar Tagen muss man dem Mann Recht geben. Die kühle Brise am verlassenen Leuchtturm, die Weizen- und Blumenfelder im Sommer, die Helligkeit des Lichts, die unvergleichlichen Schattierungen des Meeres von hellem Türkis bis Tiefblau – so was gibt es sonst nur in der Karibik oder auf den Seychellen.

Die meisten Deutschen, die man auf der Insel antrifft, kennen sich bestens aus und kommen immer wieder. Wer klug ist, reist erst im Spätsommer, besser noch im September oder Oktober, nach Formentera. Dann sind die meisten Touristen – zu dieser Zeit vornehmlich Italiener – auf dem Rückzug, und die Insel gelangt Stück für Stück wieder in die Hand der Einheimischen und Dauer-Residenten. Das Wetter ist dann immer noch herrlich und das Wasser warm genug zum Baden.

Wie immer, wenn ein Paradies den Tourismus zum Überleben braucht, ist die Haltung der Einheimischen zu diesem Thema gespalten. Einerseits braucht man die im Hochsommer einfallenden Horden, andererseits ist man froh, wenn sie wieder weg sind und Ruhe einkehrt. So auch auf Formentera. Jeder, der gerne in Bars unterwegs ist, kennt die schöne Atmosphäre der ausklingenden Nacht. Man ist der letzte Gast am Tresen, die Bedienung stellt die Stühle auf die Tische oder spült die Gläser, der Pianist klimpert verträumt den „Pianoman" und der Besitzer setzt sich gegenüber und stellt einem ein frisches Glas hin. Jetzt einen auf Kosten des Hauses, nach dem Motto: „Und nun gehen wir zum gemütlichen Teil des Abends über." Plötzlich ist man nicht mehr bloß Kunde, man gehört irgendwie dazu. Nicht selten verlässt man das Lokal erst zur Blue-Hour, wenn die ersten Vögel zwitschern, der Morgen blutjung ist und die Welt noch im Schlaf liegt. Genau so muss man sich die Atmosphäre im September und Oktober auf Formentera vorstellen. Dann gehört man auch irgendwie dazu und die Besitzer der Läden und Lokale haben nach der Betriebsamkeit des Hochsommers endlich wieder Zeit und Muse. Die beste Gelegenheit, mit den Einheimischen und Dortgebliebenen ins Gespräch zu kommen, gemütlich zusammen zu sitzen und den eigentlichen Reiz der Insel kennen zu lernen.

Diese Dortgebliebenen, darunter viele Deutsche, sind sich durchaus bewusst, dass sie größtenteils zur Legendenbildung dieser Insel beigetragen haben. Immerhin ist Formentera hinlänglich als die Insel der Aussteiger bekannt und so begegnet man im Laufe seiner Ferien dann auch allerhand interessanter Charaktere: Althippies, schräge Vögel, komische Kauze und Sonderlinge, Avantgarde- und Individualisten, Außenseiter, Entenfahrer, Tagträumer, Lebenskünstler, Schriftsteller und Maler. Eben all jene, die sich unter dem strapazierten Begriff „Freak" zusammenfassen lassen. Diejenigen unter ihnen, die schon Ende der sechziger Jahre hierher kamen, waren auf der Suche nach einem Leben voller Freiheit, Toleranz, Frieden, Sonne und Meer. Sie träumten von einem Leben jenseits des Konsumterrors in Einklang mit der Natur. Viele hat es damals nach Indien oder in den Süden Thailands verschlagen und eine ganze Menge erkor damals Formentera zu ihrem Domizil. Immer wieder wird in diesem Zusammenhang die Toleranz der Einheimischen bewundert, die still hielten, als ihre Heimat plötzlich von den langhaarigen, bunt gekleideten Fremden erobert wurde. Zeitzeugen wissen zu berichten, dass diese Toleranz zumindest bei den Alten eher etwas mit Desinteresse zu tun hatte. Nicht wenige hatten auch ihre Ressentiments gegen die rebellierenden Gutmenschen, die nicht viel mehr taten, als nackt in die Wellen zu springen, süßlich riechendes Zeug zu rauchen und gescheit daher zu reden. Von den Einheimischen wurden sie „Peludos" genannt, was soviel wie „die Felligen" oder „die Langhaarigen" bedeutet.

Viele ihnen lebten von Papas Bankkonto, einige waren sogar wohlhabend, die meisten lebten von der Hand in den Mund. Für viele war es nur eine Stippvisite in Utopia, um danach wieder brav in die Uni zu marschieren oder eine Lehre anzufangen. Die Gemeinschaft der Blumenkinder löste sich schon ein paar Jahre später wieder auf und nur wenige von ihnen blieben tatsächlich auf „Paradise Island" kleben. Kurz gesagt: Die konsequentesten unter ihnen, die Perspektivlosesten, die wahren Abenteurer und solche, die einfach ihre Ruhe haben wollten und keine Lust verspürten, in die laute Welt zurückzukehren.

Legenden sind dazu da, um weiterzuleben. Ganz egal, ob Formentera nun wirklich die Insel der Außenseiter ist oder nicht: Schon auf der Fähre von Ibiza nach Formentera begegnet man den Freaks der Neuzeit zu Dutzenden. Jung sind sie, langhaarig oder glatzköpfig, tätowiert, die jungen Frauen – wie damals – nur mit gehäkelten Bikinis und Sarong bekleidet und die Männer in luftigen, orangefarbenen Stoffhosen. Und alle sind schon Kraft ihrer unbeschwerten und jugendlichen Ausstrahlung einfach schön! Die Männer mit ihren gebräunten Gesichtern und dem weißzahnigen Lachen im unrasierten Gesicht und die jungen Frauen mit den beringten Händen und den schlanken Fesseln über bunten Flip-Flops. Ob diese Generation weniger Gras im Gepäck hat als damals die Hippies, ist eigentlich uninteressant. Unpolitischer sind die Freaks von heute ganz sicherlich, aber das ist eine eher lapidare Konsequenz von Sättigung. Irgendwann kommt er wieder, der Hunger nach Frieden, Toleranz, Tiefgang, Freiheit. Die Sehnsucht nach Konsum-Unabhängigkeit, nach selbst genähten Kleidern, nach Spiritualität und der Möglichkeit, über die eigenen Äußerlichkeiten hinweg von anderen beurteilt und wertgeschätzt zu werden. Oder ist sie etwa schon da, die Sehnsucht. Sie zu stillen und immer wieder zu finden – des Reisenden Passion. Viel Spaß auf Formentera!

Historie

Die Vorgeschichte

Im Gegensatz zum spanischen Festland, auf dem man in Höhlen Felszeichnungen und Knochen gefunden hat, die auf eine Besiedlung schon 20 000 Jahre v. Chr. schließen lassen, stammen die Funde auf den Balearen aus der Bronzezeit, etwa 1000 v. Chr. Vor allem auf Mallorca und Menorca kann man noch heute Reste gewaltiger Steinbauten (Türme und Mauern) besichtigen. Auf Ibiza fehlen diese Relikte aus der Prähistorie. Erst die Karthager, die im siebten Jahrhundert v. Chr. die Inseln von Nordafrika aus eroberten, drückten auch Ibiza ihren Stempel auf. Im Jahre 654 vor Christus gründeten die Karthager Ibiza-Stadt, womit diese zu den ältesten Städten Europas gehört. Mehrere Jahrhunderte war Ibiza ein wichtiger Stützpunkt für die Karthager, von dem aus sie ihre Eroberungszüge über das Mittelmeer unternahmen.

Mit der Schleuder

Eine besondere Fertigkeit der balearischen Ureinwohner war der präzise Umgang mit der Steinschleuder. Wie historische Quellen berichten, waren sie ob ihrer tödlichen Kunst sehr gefürchtet. Die Karthager jedenfalls profitierten von dieser Spezialität ihrer Untertanen. Sie stellten aus den steinschleudernden Balearen Söldnerheere zusammen und ließen sich von diesen bei ihren Eroberungen helfen. Aber wie das manchmal so ist: Den Teufel, den man rief, wird man auf einmal nicht mehr los: Als die Karthager später (in den Punischen Kriegen) von den Römern besiegt wurden, standen vor den Mauern Karthagos wieder balearische Steinschleuder-Meister, allerdings diesmal auf römischer Seite.

Die Römer

Auch den Balearen widerfuhr es, von den Römern erobert zu werden. Den Balearen passierte das Unumgängliche etwa 120 v. Chr. Nach der Unterwerfung durch den Konsul Quintus Cecilius Metellus (auf Mallorca entstanden die Städte Palma und Pollentia) breiteten sich die römischen Kolonialisten auch auf Ibiza und Formentera aus. Trotz eines kurzen Zwischenspiels mit den Vandalen, die nach blutrünstigem Aufenthalt vom Oströmer Justinian wieder vertrieben wurden, blühten auf den Balearen Handel und Landwirtschaft rund ein halbes Jahrtausend unter den Römern. Während die Karthager Formentera kaum zur Kennnis genommen hatten, interessiert sich endlich die Römer für die kleine Schwesterninsel. Sie errichteten hier ein Kastell und nutze die Insel zum Getreideanbau.

Die Mauren

Wie der Iberischen Halbinsel erging es auch den Balearen: Nach den Römern kamen die Mauren. Bis ins 13. Jahrhundert herrschten die Araber über die Balearen. Und das nicht nur zum Schaden. Unter ihrer Herrschaft entwickelte sich eine blühende Kultur. Die Architektur hatte einen Aufschwung und die Landwirtschaft florierte dank besserer Bewässerungssysteme. Die Spuren der Mauren kann man noch heute überall finden, nicht zuletzt in der Sprache und in der Folklore. Doch die Mauren waren nicht nur fähige Verwalter und Städtegründer. Vielmehr war eines ihrer beliebtesten Hobbys die Piraterie. Kein fremdes Handelsschiff war vor ihnen sicher, auch nicht die der christlichen Herrscher auf dem spanischen Festland. Und damit war der Grundstein für die christliche Eroberung der Balearen auch schon gelegt.

Die christliche Eroberung

Auf dem Festland regierte König Jaime I. von Aragón (auch in Katalonien und Valencia). Dem gefiel das Treiben der maurischen Piraten überhaupt nicht. 1229 machte er deshalb kurzen Prozess. Eine riesige Flotte machte sich auf, die Araber von den Balearen zu vertreiben. Das erste Ziel war Mallorca. Nach einem furchtbaren Gemetzel fiel die Feste Palma und die erste Insel war erobert. Die Araber wurden „ausgerottet". Ibiza, damals das arabische „Yebisah", wurde erst sechs Jahre später von dem christlichen Jaime „befreit". Die Ortsbezeichnungen auf Ibiza und Formentera, für die oft die Namen christlicher Heiliger verwendet wurden, stammen aus dieser Zeit.

Das Königreich Mallorca

Das Königreich Mallorca, zu dem Ibiza und Formentera gehörten, entstand nach dem Tod von Jaime I. nach der Teilung des Königreichs Aragón unter seinen Söhnen. Jaime II. wurde König von Mallorca. Nach ihm kam sein Sohn Sancho, der kinderlos blieb. Es folgte Jaime III., ein Neffe, erst neun Jahre alt! Das Ende des Königreiches Mallorca war eingeläutet. 1349 wurde Jaime III. von Aragón besiegt. Durch die Heirat von Ferdinand von Aragón und Isabella von Kastilien erlangte Spanien seine nationale Einheit.

Die Türken

Unter der Krone Aragóns wurde vor allem Palma auf Mallorca ein wichtiger Handelsplatz. Im 15. Jahrhundert entstanden auf Mallorca Mauern und Türme, um die Türken abzuwehren, denen die reiche Gegend sehr gefiel. Man kann sie heute noch besichtigen. Plündernd und mordend erwiesen sie sich als üble Plage. In dieser Zeit entstand auf Ibiza auch die Festung über der Stadt Ibiza.

Endgültig spanisch

Nach den Spanischen Erbfolgekriegen (1701–1713) gaben sich die Besitzer die Türklinke sozusagen in die Hand. Erst am Ende des Karlisten-Krieges (1833–1839) kamen die Balearen endgültig unter die spanische

Reich geschmückt: Die einheimischen Damen an Festtagen

Steinmauern im Kontrast mit weiß gekalkten Wänden

Krone. Von nun an teilten die Balearen die wechselvolle Geschichte des Mutterlandes: 1923 Militärdiktatur von Primo de Rivera errichtet, 1931 Ausrufung der Republik, 1936 Ausbruch des Bürgerkrieges gegen General Franco, der am Ende siegte. 1975, nach dem Tod des Generalissimus, wurde Juan Carlos als König vereidigt, 1977 erste freie Parlamentswahlen. 1979 wurden die Balearen zur autonomen Region erklärt.

Von den Hippies bis heute

Die ersten Touristen, die in Scharen auf Formentera und Ibiza ankamen, waren ab 1960 die Hippies aus aller Welt. Wer sich nicht dem Hippie-Trail nach Indien oder Thailand anschloss, landete auf Ibiza oder Formentera. Nur die wenigsten der langhaarigen Freizeitideologen hatten eine Ahnung davon, dass ausgerechnet sie, die ein Leben jenseits des Kommerz anstrebten, die Pioniere für den später einsetzenden Massentourismus waren. Bald erreichte der Ruf von der Schönheit der Balearen auch das Festland. Viele wollten mit eigenen Augen sehen, was sich dort angeblich abspielte: wilde Partys, Drogen am Lagerfeuer, Nacktbadende im türkis-farbenen Wasser. 1970 begannen dann die Massen heranzuströmen und zwischen 1970 und 1979 verdoppelte sich die Besucherzahl auf den Balearen auf vier Millionen.

1982 wurde Spanien Mitglied der NATO, 1986 Mitglied der Europäischen Gemeinschaft. 1995 wurden die Salzfelder von Formentera und Ibiza von der spanischen Regierung zu Naturschutzgebieten erklärt. Weil die Salzfelder auf Formentera nicht mehr lukrativ genug waren, stützten sich viele Einwohner auf den Tourismus als Einnahmequelle. Etliche Prominente entdeckten die Balearen für sich und schlugen dort ihr zweites Domizil auf. Formentera blieb bislang vom Glamour der Promi-Welt verschont, vor allem aufgrund des nicht vorhandenen Flughafens. Trotzdem kommen jedes Jahr mehr als 150.000 Gäste nach Formentera. Angesichts einer Einwohnerzahl von etwa 7000 ist die Belastungsgrenze längst erreicht. Man kann sich vorstellen, dass andere Wirtschaftszweige gegenüber dem Tourismus inzwischen fast bedeutungslos geworden sind.

Das Wichtigste in Kürze

Formentera, mit seinen knapp 82 Quadratkilometern Fläche, befindet sich südlich von Ibiza (Eivissa), die Entfernung von seinem Hafen La Savina bis zur Nachbarinsel beträgt elf Seemeilen. Bis auf zwei Ausnahmen ist die Insel ganz flach. Im Osten erhebt sich die Hochebene von La Mola auf knapp 200 Höhenmetern, im Südwesten erreicht das felsige Gebiet am Cap de Barbària kaum mehr als hundert Meter Höhe. Die wichtigsten Ortschaften sind das Verwaltungszentrum Sant Francesc Xavier, der rundum touristische Ort Es Pujols und La Savina, der Haupthafen der Insel, in dem die zahlreichen Passagierschiffe und Autofähren anlegen und auslaufen. Seit der Erweiterung des normalen Linienfährdienstes um moderne Schnellboote kommt man in etwa einer halben Stunde von Ibiza nach Formentera. Die Wege zwischen den Ortschaften sind recht kurz, so misst die längste durchgehende Straßenverbindung vom Cap de Barbària bis zum Leuchtturm auf La Mola gerade mal 28 Kilometer. Aufgrund der geringen Entfernungen und der Ebenheit der Landschaft hat sich als wichtigstes Fortbewegungsmittel das Fahrrad durchgesetzt. Fast überall kann man Räder, Mofas und Autos mieten. Ein Linienbus fährt mehrmals am Tag alle wichtigen Punkte der Insel ab.

Wegen ihrer geringen Ausmaße ist es leicht, sich auf der Insel zurechtzufinden. Zahlreiche für den Tourismus interessante Pensionen befinden sich in Es Pujols, das sich im Winter in eine Geisterstadt verwandelt. In der Hochsaison ist es das lebhafteste Geschäftszentrum der Insel: Discotheken, Bars, Restaurants, Supermärkte, Modeboutiquen und Andenkenläden geben dem Ort ein städtisches Gepräge, wie es sonst nirgends auf der Insel zu finden ist. Erwähnenswert sind auch Sa Roqueta, ein ruhiger Ort mit guten Pensionen und Apartments; Es Calo, ein kleiner Fischerhafen, der eine echte Oase des Friedens bildet; Cala Saona, ein Strand mit allen wünschenswerten Annehmlichkeiten und Sant Francesc Xavier und Sant Ferran, die Zentren im Innern der Insel, wo es ebenfalls zahlreiche Läden, Pensionen und Hotels gibt.

Formentera – so kommt man hin!

Flug

Die meisten Reisenden nach Ibiza oder Formentera kommen mit einem Charterflugzeug auf dem Flughafen von Ibiza an. Bei www.reise.com erfährt man die aktuellen Preise im Internet und kann gleich buchen. Die Angebote sind oft erstaunlich günstig. Die meisten Fluggesellschaften haben Flüge im Angebot (meist nachts und mit Umsteigen), die weniger kosten als eine Bahnfahrt zwischen zwei innerdeutschen Großstädten. Viele fragen sich plötzlich, warum man eigentlich das nächste Wochenende bei seiner Schwester in Köln verbringt, wenn man für weniger Geld und in kürzerer Zeit auch auf Ibiza sein könnte. Ibiza wird von fast allen deutschen und einigen spanischen Chartergesellschaften angeflogen. Mit dem Bus oder dem Taxi geht es dann weiter zur Fährstation in Ibiza-Stadt und von dort mit der Fähre nach Formentera. Touristik Union International bietet eine große Auswahl an Pauschalangeboten für Ibiza und Formentera. Die TUI hat einen eigenen Katalog, der ausschließlich die Angebote von Mallorca, Menorca, Ibiza und Formentera zusammenfasst.

Bahn

Von der Möglichkeit, mit der Bahn in Richtung Ibiza aufzubrechen, möchte man fast abraten, wenn man einmal gesehen hat, wie sich die Rucksack-Touristen um Mitternacht an der französisch-spanischen Grenze in Port Bou auf den Bahnsteigen drängeln und auf Anschlüsse warten. Von hier geht es, wenn man nach Ibiza will, weiter nach Barcelona und dann auf die Fähre. Angesichts des großen Zeitaufwands und der hohen Bahn- und Fährkosten ist die Anreise per Bahn wohl die ungünstigste.

Bus

Nach Ibiza kommt man mit dem Bus natürlich nicht, aber wenigstens bis nach Barcelona oder Valencia. Empfehlenswert ist die Fahrt mit der Deutschen Touring GmbH. In jeder deutschen Großstadt fahren Busse Richtung Spanien – eine Fahrt von München nach Barcelona zum Beispiel kostet 169 Euro. Im folgenden die Adresse der Zentrale in Frankfurt. Dort bekommt man auch die Nummern der Büros am eigenen Wohnort. Deutsche Touring GmbH, Am Römerhof 17, 60486 Frankfurt, Tel. 069/790350, Fax 069/7903219, www.deutsche-touring.com.

Vom Festland aus nach Formentera

Der wichtigste Fährhafen für Reisende, die per Bahn, Auto oder mit dem Bus anreisen, ist Barcelona. Die Überfahrt nach Ibiza dauert allerdings je nach Wetterlage neun bis zehn Stunden. Mittlerweile sind die Fähren mit jedem erdenklichen Komfort ausgestattet und vom billigeren Sesselplatz (30 Euro) bis zur teureren Zweibett-Koje (70–110 Euro) ist alles zu haben. Wenn man allerdings die Fahrtzeit, die Maut- und Spritkosten berechnet, ist dies ohne Frage die teuerste Variante der Anreise. Reguläre Fährverbindungen bestehen auch ab Denia südlich von Valencia und direkt ab Valencia. Lohnt sich aber in der Regel aufgrund der langen Anreise noch weniger. Weitere Infos unter: www.trasmediterranea.es und www.umafisa.com

Tipp

Wer genug Zeit hat und einen Städte-Trip mit Sonne, Strand und Meer verbinden möchte, ist mit der Kombination Barcelona/Formentera gut beraten. Barcelona ist und bleibt eine der aufregendsten und schönsten Städte Europas. Und ein anschließender Formentera-Aufenthalt ist zum Erholen nach einer Fülle von Kunst, Kultur und Nachtleben der denkbar beste Abschluss des Spanien-Urlaubs. Wer klug ist, nimmt die Nachtfähre nach Ibiza, spart sich eine Übernachtung im Hotel und schläft stattdessen im Sessel oder in der gemütlichen Koje. Gutes Erwachen garantiert!

Ibiza-Formentera

Die zahlreichen Boote fahren in Ibiza-Stadt an der Estación Maritima den ganzen Tag über nach Formentera. Für etwa zehn Euro kommt man in einer Stunde nach Ibiza, die schnelleren und etwas teureren Boote schaffen die Strecke in der Hälfte der Zeit. Es empfiehlt sich aber in jedem Falle die langsamere Auto-Fähre, weil man sich während der Fahrt im Freien aufhalten kann und so die besten Ausblicke hat.

Bei Pauschalreisen ist das Ticket für die Überfahrt in der Regel inklusive und wird vom Veranstalter verteilt. Fahrräder und Mofas können kostenlos transportiert werden, die Überführung von Autos kostet etwa 45 Euro, Motorräder je nach Hubraum zwischen 12 und 20 Euro. Folgende Gesellschaften teilen sich die mehr als 20 täglichen Verbindungen: Baleária (www.balearia.com, Tel. 971/312071) und Mediterrànea Pitiusa (www.medpitiusa.com, Tel. 971/322443)

Wer es ganz eilig hat oder mitten in der Nacht in Ibiza ankommt, kann ein Wassertaxi in Anspruch nehmen. Die Überfahrt ab Ibiza kostet für vier Personen etwa 150 Euro, nachts sogar 180 (pro zusätzliche Person noch mal 30 Euro). Dieser Dienst kann auch für private Ausflüge und Hochseefischerei genutzt werden, Mobiltelefon: 609847116.

Eine einzigartige Insel

Immer noch besitzt die kleinste der Pityusen-Insel eine Ursprünglichkeit, nach der sich die Stadtmenschen oft so sehnen. Sich auf ihren Wegen zu verlieren, den Duft der wilden Kräuter einzuatmen, sich dem langsamen Pulsschlag des hiesigen Lebens hinzugeben und an den herrlichen Stränden zu sitzen: Das sind Eindrücke, an die man sich noch lange mit Sehnsucht erinnert.

Formentera hat sicher das Beste, was das südliche Mittelmeer zu bieten hat. An den weitläufigen Stränden findet sich oft während der Saison noch

Idyllisches Stillleben am Ufer

ein einsames Plätzchen und für Freunde fröhlicher Geselligkeit gibt es die berühmten Strandbuden.

Riesige Gebäudekonstruktionen sind auf Formentera noch in der Minderheit. Einen großen Anteil an der Gesamtbettenzahl machen die beiden komfortablen Hotels Formentera Playa und Hotel Riu La Mola aus, ansonsten gibt es fast nur kleine und meist freundlich geführte Pensionen mit familiärem Charakter. In letzter Zeit stieg die Nachfrage nach Appartements, weil gerade Familien mit Kindern mehr Platz im Urlaub haben möchten und die Möglichkeit schätzen, sich zwischendurch auch einmal selbst zu versorgen.

Urlaubsplanung: pauschal oder individuell?

Wer dieses letzte Paradies im Mittelmeer kennen lernen will, hat zwei Möglichkeiten: Er kann zu einem Reisebüro gehen und ein komplettes Reisepaket samt Flug, Unterkunft, Halbpension und Transfer buchen. Er kann aber auch ohne Reservierung auf die Insel kommen und direkt vor Ort nach einer Unterkunft Ausschau halten. Diese Variante bietet zwar mehr Handlungsfreiheit, birgt aber auch das Risiko, bei der Ankunft keinen Schlafplatz zu finden. Einen Campingplatz gibt es auf der Insel nicht und am Strand zu übernachten empfiehlt sich aufgrund der Sandreinigungs-Raupen auch nicht gerade. Davon abgesehen, dass wildes Campieren strengstens verboten ist.

Wer dennoch die individuelle Variante bevorzugt, reserviert sich am besten etwas für die ersten Tage auf Formentera. Dann ist man auf der sicheren Seite und kann sich in aller Ruhe nach einer perfekten Unterkunft umsehen. Wer ohne Kinder reist und nur ein Zimmer braucht, wird sicher an verschiedenen Orten übernachten und auf dieseWeise den Charakter der Insel am besten kennen lernen. So kann man eine Nacht im quirligen Es Pujols verbringen und von der Bar direkt in sein Zimmer stolpern und ein anderes Mal in kompletter Abgeschiedenheit mit nichts als dem Rauschen des Meeres vor der Haustür.

Für die meisten Menschen, die sich selbst für Individualisten halten, hört sich der Ausdruck „Pauschalurlaub" einfach grässlich an und gehören möchte man zu den „Pauschalurlaubern" schon gleich gar nicht. Man bringt in der Regel sofort folgendes damit in Verbindung: Großküchen-Verpflegung, Menschenmassen im Restaurant, am besten schon um acht Uhr morgens beginnende Animation und durchtrainierte Animateure, die mit ihren Trillerpfeifen auf dem Kasernenhof zur Körperertüchtigung mahnen. Nicht zu vergessen die Gruppen am Flughafen, die sich mit all ihren Koffern, Kindern und aufgeregten Fragen um den Schirm der Reise-Anführerin scharen.

Keine Angst! Auf Formentera nimmt der Pauschaltourismus eine ganz andere Dimension ein. Hier lassen sich sogar minikleine und familiengeführte Pensionen in die Prospekte der Reiseveranstalter aufnehmen. Und Hotelbunker, wie wir sie vor Augen haben, gibt es auf der Insel sowieso nicht. Also lieber doch mal ins Reisebüro marschieren und sich ein paar Angebote zeigen lassen! Die Hotelbeschreibungen dieses Buches helfen sicherlich dabei, eine nette Pension zu finden, die auch Pauschalbucher beherbergt und wahlweise Halbpension anbietet. Ob man mit der einen oder der anderen Variante billiger kommt, lässt sich nicht „pauschal" beurteilen. Einerseits sind die im Paket gebuchten Zimmer oft deutlich preiswerter, andererseits können pfiffige Selbstbucher schon beim Flug eine ganze Menge einsparen. Am besten schaut man sich erst einmal sämtliche Angebote der Reiseveranstalter im Internet an.

Preisniveau

Wer glaubt, auf den Balearen billiger leben zu können als in Deutschland, der irrt sich. Von der Schweiz einmal abgesehen, sind die Preise für Freizeitvergnügen und Dienstleistungen auf Formentera in der Regel mindestens zehn Prozent höher als im Rest des deutschsprachigen Raumes. Geld sparen kann man höchstens beim Verzehr der inseltypischen Schnäpse und in manchen einfachen Restaurants, die ein billiges – und oft schauderhaftes – Tagesmenü anbieten. Ein Urlaubsziel für Sparfüchse ist Formentera wirklich nicht, obwohl man in einigen Bereichen tatsächlich ein paar Euros sparen kann. Dann aber nur – wie auch bei uns – mit einer an die Schmerzgrenze gehenden Bedürfnislosigkeit. Fast überall auf der Insel gibt es billige Pensionen, die vor allem in der Nebensaison ihre einfachen Zimmer zu Schleuderpreisen anbieten (z.B. Bar Centro in Sant Francesc). Die Toiletten und Bäder befinden sich dann aber auf dem Gang oder gar in einem anderen Stockwerk. Beim Essen kann man sparen, indem man sich weitgehend selbst versorgt und die Bäckereien der Einheimischen besucht (z.B. Monolo in Sant Francesc).

Eine ganze Menge kann man beim Buchen des Fluges einsparen. Wem es nichts ausmacht, mitten in der Nacht loszufliegen und ein- oder zweimal umzusteigen, kommt schon ab 29 Euro nach Ibiza. Wer ausgiebig recherchiert, zahlt im Durchschnitt nicht mehr als 59 Euro. Die besten Angebote bieten zur Zeit die deutsche ba, Condor und die LTU an. Auch Air Berlin ist günstig dabei.

Kleine Anmerkung für den Ausflug nach Ibiza: Wer auf der Nachbarinsel eine Nacht lang „einen drauf machen" und die Superschuppen Ibizas abklappern will, legt locker ein Vermögen hin. Bei den meisten Szene-Diskotheken beginnt der Eintrittspreis bei fünfzig Euro. Das erste Getränk ist dann zwar gnädigerweise inklusive, aber daran wird man sich kaum die ganze Nacht fest halten. Also lieber nicht ohne Plastik-Karte losziehen oder auf Formentera bleiben, wo sich die Eintrittspreise der Diskotheken immer noch auf dem braven Niveau deutscher Dorfdiskos bewegen!

Sport im Urlaub angesagter denn je

Die meisten Urlauber kommen nach wie vor wegen der berühmten Strände nach Formentera und aufgrund des in allen Blautönen schimmernden Wassers. In letzter Zeit war allerdings ein gesteigertes Interesse an allen möglichen Sportarten zu beobachten. Allein Schwimmen und Wandern als Freizeitmöglichkeit genügt heute den wenigsten. So gibt es neuerdings in der Bucht von Es Pujols und am Estany des Peix allerhand Wassersportmöglichkeiten wie Segeln, Wasserski, Parasailing und Windsurfen. Auch Tauchen, Schnorcheln und Angeln dürfen im Programm nicht fehlen. Nach wie vor sehr beliebt sind Fahrradtouren, Wanderungen und Exkursionen zu Pferde. Die Reitschule Club de Hipica, Tel. 971/322638, ein Kilometer von Sant Francesc entfernt, bietet entsprechende Erkundungstouren und Strandritte an. Immer beliebter werden außerdem die Inselrundfahrten per Schiff, die am Hafen La Savina meist unter der Bezeichnung „Piratenfahrt" angeboten werden und den Besuchern die Insel von der Meerseite aus näher bringen. Auf diese Weise bekommt man auch einmal die Isla Espalmador zu Gesicht und die unbewohnte, unter Naturschutz stehende Mini-Insel Espardell.

Folklore

Die Einzigartigkeit der Gesänge und der sie begleitenden Instrumente reicht zurück in die fernste Vergangenheit der Pityusen. Die Trommel „tambor" gibt den Rhythmus an und die Melodie führt die „flauta", eine Flöte aus Holz. Dazu das Klackern der Kastagnetten, die aus dem Holz der Wacholderwurzel geschnitzt werden. Gelegentlich wird das Ensemble durch einen rhythmisch angeschlagenen Metallstab „espasí" und den einer Maultrommel ähnelnden „bimbau" ergänzt.

Einer der traditionellsten Tänze heißt „sa curta", „die Kurze". Während sich die Frau gesenkten Blickes und mit kurzen und immer größer werdenden Schritten im Kreis dreht, umtanzt sie der Mann mit immer höher werdenden Sprüngen. Die Frauen tragen dabei die „Sa gonella", eine schwarze, bis zum Boden reichende Tracht mit einer bestickten Schürze und einem Schulter- und Kopftuch. Prächtig ausstaffiert mit etlichen Goldringen, Broschen und mit Edelsteinen und großen Kreuzen besetzten Goldketten wirken die Damen weitaus pompöser und festlicher als die relativ einfach ausstaffierten Männer. Diese tragen in der Regel ein weißes Hemd zu weißen Hosen, eine rote Schärpe und die passend rote Mütze. Nicht zu vergessen die großen, silbernen Knöpfe als Westenschmuck.

Politik

Die beiden Inseln Ibiza und Formentera sowie die unbewohnten Inseln Isla Espalmador, Isla Espardell und Isla dés Penjats sind die Pityusen. Sie zählen zu den Balearen, denen auch Mallorca und Menorca zugehörig sind. Der Regierungssitz befindet sich in Palma de Mallorca, das Parlament setzt sich wie folgt zusammen: 46 Abgeordnete aus Mallorca und Menorca und 13 Abgeordnete aus Ibiza und Formentera. Kommunale Angelegenheiten werden auf den jeweiligen Inseln vom Inselrat (Consell Insular) entschieden. Die beiden größten Parteien in Spanien und auch auf den Pityusen sind die konservative PP (Partido Popular) und die PSOE (Sozialistische Arbeiterpartei).

Was kreucht und fleucht

Keine Angst, giftige Schlangen gibt es auf Formentera nicht, auch wenn es die Legende so will. Schuld an dem Gerücht sind die Griechen, die zwar nie auf der Insel siedelten, sie aber gelegentlich besuchten und ihr kurzerhand den Namen „Schlangeninsel" verpassten. In der Folgezeit hatte kaum jemand großes Interesse daran, diese Unwahrheit aus der Welt zu schaffen. Der Römer Pomponius Mela beschreibt die Insel als vollkommen unbewohnbar, „weil auf ihr viele bösartige Schlangen kreuchen" und Plinius meinte sogar: „Die Erde von Ebosus (Ibiza) treibt die Schlangen in die Flucht, doch die von Columbraria (Formentera) zieht sie an. Deshalb ist jene Erde schädlich, es sei denn, man trägt Erde von Ebosus bei sich." Wie man heute vermutet, haben sowohl die Griechen als auch die Römer das Gerücht gehegt und gepflegt, damit sich das Interesse für Formentera bei anderen in Grenzen hält. Erinnert ein bisschen an die Kinder, die nichts von ihrer Schokolade abgeben wollen, sie überall anschlecken und sie den anderen dann großzügig entgegen strecken.

Neben jeder Menge Eidechsen und Geckos gibt es auf Formentera Kaninchen, Hasen, Spitzmäuse und Gartenschläfer (verwandt mit dem Siebenschläfer). In der Luft und am Rande der Salzseen kann man in erster Linie alle möglichen Wasservögel beobachten: Möwen, Seeschwalben und Sturmtaucher (virots). Singvögeln begegnet man eher selten und die ebenfalls auf Formentera beheimateten Flamingos, Fischadler, Kormorane und Stelzenläufer werden scheinbar auch immer seltener und halten sich – wenn überhaupt – in der Nähe der beiden Seen auf.

Eidechsen: Formenteras Markenzeichen

Eidechsen sieht man auf Formentera fast überall: auf T-Shirts, Sandalen, Taschen, Mützen, Ringen und Gemälden. Aber am schönsten sind sie natürlich in Natura, auf sonnenbeschienenen Gehwegen, Terrassen und Steinmauern. Wer sie einmal längere Zeit in freier Natur beobachtet hat, entwickelt schnell Sympathien für die Mini-Saurier. Erstaunlich zutraulich werden sie, wenn man längere Zeit still sitzt und ihnen Krümel hinwirft. Nach einiger Zeit trauen sie sich immer näher heran und fressen einem sogar aus der Hand. Die Eidechsen sind die eigentlichen Ureinwohner Formenteras und bewohnten die Insel lange vor den Menschen. Die Podarcis putyusensis formenterae, wie sie wissenschaftlich heißt, ist größer als ihre Artgenossin auf Ibiza und nur auf Formentera anzutreffen. Zu erkennen ist sie an ihrer grünen Farbe und den blauen Streifen an der Flanke. Mittlerweile gibt es mehr als 30 Unterarten der Pityusen-Eidechse.

Salzgewinnung

Seit die Karthager auf der Insel Fuß fassten, hat man die Salinen rund um La Savina mit dem praktischen Naturhafen zur Salzgewinnung genutzt. Auch als die Römer, schließlich die Mauren und dann wieder die Spanier auf Formentera herrschten, lebten die meisten Menschen von der Salzgewinnung. Damit ist es endgültig vorbei, denn für das weiße Gold, wie es einst hieß, erzielt man heute weniger Geld, als die aufwändige Produktion in Salinenfeldern kostet. Und so rostet auch die witzige kleine Eisenbahn, die Lore um Lore früher von den Salzfeldern zum Hafen brachte, still vor sich hin.

Freuen können sich die Vögel, denn die haben nun die seichten Gewässer der Lagunen ganz für sich alleine. Das ganze Jahr über kann man Fischreiher, Strandläufer und viele mitteleuropäische Zugvögel in den Lagunen beobachten.

Am Hafen „La Savina"

Das Estany des Peix, der Estany Pudent und die Salinen, alles Natur-
ökosysteme von hohem biologischen Wert, wurden von der Regierung
unter Naturschutz gestellt. Der Estany Pudent, der größere der beiden
Salzseen, erhielt seinen Namen durch den von ihm bei hohen
Temperaturen ausströmenden Geruch – pudent bedeutet übelriechend, ver-
ursacht durch Algen, die auf seinem Grund liegen und vor sich hin faulen.
Zahlreiche Vogelarten und natürlich die Mosquitos lassen sich von dem
Geruch nicht abhalten. Früher nannte man den See Estany des Flamencs,
weil etliche Flamingos auf ihren Wanderzügen hier Rast machten. An
bestimmten Stellen seines Grundes befinden sich Süßwasserquellen.
Estany des Peix verdankt seinen Namen der Vielzahl von Fischen, die
dank der besonderen biologischen Qualität seines Wassers hier brüten. Die
Salinen, die bis vor einigen Jahren noch aktiv waren, werden heute nicht
mehr genutzt und befinden sich leider in einem verlassenen und bedau-
ernswerten Zustand. Trotzdem ist dieses Gebiet eine Zone mit hohem öko-
logischem, kulturellem und landschaftlichem Wert.

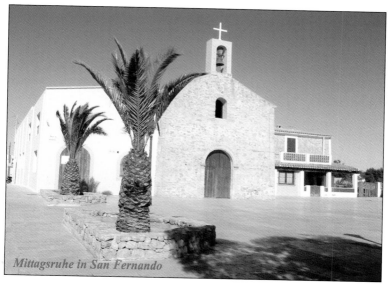

Mittagsruhe in San Fernando

Die Legende von den bösen Schwestern

Einst war Formentera sehr fruchtbar und auf einem der reichsten und schönsten Gehöfte der Insel lebte eine Mutter mit ihren beiden Töchtern und jeder Menge Sklaven. Alle lebten glücklich und zufrieden, bis zu dem Tag, als die Mutter starb. Dann nämlich begann das große Unglück, denn jede der Schwestern erbte zwar genau die Hälfte des Besitzes, doch gab es nur eine sprudelnde Quelle auf dem Grundstück. Um diese Quelle stritten sich nun die beiden Schwestern erbittert. Bald waren sie so verfeindet, dass sie nur noch darauf sannen, der anderen zu schaden. Der Hass hatte sich tief in ihre Herzen gegraben, und von Bosheit besessen, vergaßen sie darüber alles andere. So verkamen die Felder, die Blumen verdursteten und die Gebäude verfielen. Unter der Herrschaft der erbosten Frauen war von dem einst reichen und blühenden Erbe bald nichts mehr übrig. Eines Tages schrie die eine der anderen voller Hass einen Fluch entgegen: „Mögest Du doch mit samt Deiner verdammten Finca ersaufen!" Die andere erwiderte: „Und Dir wünsche ich dasselbe." Die Flüche wurden erhört und schon erhob sich aus dem Meer eine riesige Welle, rollte donnernd über die Dünen und begrub Mensch und Tier, die Quelle und alles andere mit großem Getöse. Als die Sintflut zu Ende war, gab es kein Leben mehr an diesem Ort. Was blieb, war ein salziger Tümpel, der bald darauf zu stinken begann. Und so erhielt der See seinen unschmeichelhaften Namen „Estany Pudent" (Stinkender Binnensee), den er bis heute trägt.

Übrigens

Der See riecht tatsächlich an besonders heißen Tagen faulig. Der mit dem Meer verbundene und für den Wasseraustausch zuständige, künstliche Kanal Sa Sequí ist einfach zu schmal für einen regen Wasserwechsel.

Feiertage und Feste

Wie auf dem spanischen Festland gibt es auch auf Ibiza und Formentera unzählige Feierlichkeiten. Der Anlass der meisten Feste ist ein religiöser. Jedes Dorf hat irgendeinen Schutzheiligen, der gebührend geehrt werden will. Dazu kommen die üblichen Kirchenfeiertage. Von den heiligen Anlässen muss man sich allerdings nicht abschrecken lassen. Die Bewohner halten es hier wie ihre Landsleute auf dem spanischen Festland: Sind die Prozessionen erst einmal vorbei, geht man zu profaneren Freuden über. Alle Heiligenfeste haben zugleich auch Volksfestcharakter. Es wird getanzt und musiziert und den Spezialitäten aus Küche und Keller munter zugesprochen. In den Dörfern haben Musik und Tanz teilweise ihren ursprünglichen Charakter bewahrt und wenn man Glück hat, kann man die Einheimischen an diesen Tagen in ihrer traditionellen Tracht bewundern. Touristen sind auf allen Festen willkommen, wenn sie nicht glauben, sich in Szene setzen zu müssen. Es wird einem solange Toleranz entgegengebracht, wie man sich selbst tolerant verhält, d. h. solange man nicht vergisst, dass es sich in erster Linie um Feste der Einheimischen handelt. Der Höhepunkt aller Festlichkeiten ist wie überall in Spanien die Karwoche im April (Semana Santa). Am Gründonnerstag und Karfreitag werden in vielen Orten Prozessionen durchgeführt, die man sich unbedingt ansehen sollte.

Hier zunächst die in ganz Spanien geltenden, gesetzlichen Feiertage:

1. Januar	Neujahr (Año Nuevo)
6. Januar	Heilige Drei Könige (Los Reyes Magos)
1. Mai	Tag der Arbeit (Día del Trabajo)
25. Juli	Jakobustag (San Jaime, Fiesta de Santiago)
15. August	Mariä Himmelfahrt (Asunción)
12. Oktober	Tag der Entdeckung Amerikas (Día de la Hispanidad)
1. November	Allerheiligen (Todos los Santos)
6. Dezember	Verfassungstag (Día de la Constitucíon)

8. Dezember	Mariä Empfängnis (Inmaculada Concepción)
25./26. Dezember	Weihnachten (Navidad)

Zu den gesetzlichen Festen, die überall in Spanien gefeiert werden, kommen auf Formentera folgende dazu:

30. Mai	San Fernando: Im gleichnamigen Ort mit Folkloredarbietungen und Prozession.
24. Juni	San Juan: Dieses im gesamten Mittelmeerraum verwurzelte Fest wird in La Mola gefeiert, wobei das Feuer in dieser kürzesten Nacht des Jahres eine große Rolle spielt.
16. Juli	Virgen del Carmen: Die Jungfrau von Carmen ist die Schutzpatronin der Seeleute. Ihr Tag wird mit großem Zinober, Bootsprozessionen und nautischen Wettkämpfen gefeiert. Am besten befindet man sich zu dieser Zeit am Hafen von La Savina.
25. Juli	San Jaime: Schutzpatron der Insel Formentera. Das bedeutendste Fest des ganzen Jahres wird mit viel Gesang, Musik und Spielen begangen.
5. August	Nuestra Señora de las Nieves. Die besagte Maria ist die Schutzheilige der Kathedrale von Ibiza, aber auch der Pityusen insgesamt. Ein Ausflug nach Ibiza lohnt sich: Geboten werden Tänze, Prozessionen und ein großes Feuerwerk. Am letzten Tag des Festes (8.8.) wird zusätzlich die Befreiung der Pityusen von den Arabern gefeiert.
12. Oktober	Nuestra Senyora del Pilar. Fest zu Ehren der Schutzheiligen von El Pilar. Während neben der Kirche die große Bühne aufgebaut wird, lassen sich am Nachmittag die Einheimischen fein herausgeputzt in den Cafés blicken. Am gleichen Tag beginnt die Schlachtzeit. Dann müssen die Schweine dran glauben und enden als bitifarro oder sobrasada.
3. Dezember	San Francisco Javier: Patronatsfest in der Insel-„Hauptstadt"

1938

Das Tor zum Friedhof in der Nähe von San Francisco

Aussteiger für ein paar Wochen

Wer der lauten Welt für eine Zeitlang den Rücken kehren will, sollte im Herbst nach Formentera kommen und ein paar Monate bleiben. Aber Achtung: Es ist hier wirklich einsam und man muss schon eine gewisse Gelassenheit mitbringen – mindestens Senecaner sein – um in dieser Abgeschiedenheit nicht ganz und gar melancholisch zu werden. Wer nicht besonders offen ist und von sich aus auf Menschen zugeht, fristet ein einsames Dasein, denn Neulinge werden von den Insulanern nicht gerade mit offenen Armen empfangen. Selbst diejenigen Ausländer, die sich noch an ihren schweren Start auf der Insel erinnern können, beäugen Neulinge oft mit größtem Skeptizismus. Ganz nach dem Motto: „Da muss jeder durch. Wer das nicht aushält, muss halt wegbleiben." Sie müssen irgendwie ins Raster passen, die Fremden, und am besten eine ordentliche Portion Unangepasstheit mitbringen. Aber wer will es den mittlerweile verwurzelten Einheimischen verdenken? Schließlich haben sie sich einst bewusst entschieden, dem Rest ihrer Landsleute den Rücken zu kehren und ein Leben unter Fremden zu beginnen. Wenn sich jetzt diese Landsleute plötzlich hier niederließen, müsste man sich erneut nach einem Domizil umsehen.

Die meisten der Einheimischen und Residenten sind froh, wenn die Fähren im Herbst die letzten Touristen abtransportieren und die Insel wieder ihnen gehört. Wer dennoch bleiben und überwintern möchte, kann sich hier umsehen: Immobilienbüro Feng-Shui (hat mit Feng-Shui rein gar nichts zu tun). Einige Ferienwohnungen und -häuser sind sogar mit Heizung ausgestattet, im Winter nicht zu verachten. Noch besser: ein prasselndes Kaminfeuer!

Adresse: C/ Juan Castello I Guasch, 66, San Fernando, Tel. 971/321829, www.fengshuicasasformentera.com.
Auch ein Düsseldorfer bietet schöne Häuser und Appartements an: Unter folgender Adresse kann man den aktuellen Katalog bestellen: Reinhardt Touristik Bismarckstr. 33, 40210 Düsseldorf, Tel. 0211/320167,

Fax 0211/131190, reinhardt-touristik@t-online.de
Auch nicht schlecht: Formenteralifestyle, La Savina/Formentera,
Tel. 971/322 508, Mobil: 639/673336, info@formenteralifestyle.com

Die Erfahrung zeigt, dass ein privat gemietetes Haus den anderen vorzuziehen ist. Eine kleine Anzeige in der Süddeutschen oder in der FAZ genügt, um in Kürze das Entsprechende zu finden. Diese so gefundenen Häuser sind private meist Feriendomizile und unterscheiden sich enorm von denen aus dem Katalog. Sie sind liebevoll eingerichtet, besitzen kleine Gärten, Regale voller abgegriffener Urlaubslektüre, einem wohl gehüteten Gästebuch, wenigstens eine Rolle Klopapier, Putzzeug und Notwendigkeiten wie Salz, Pfeffer, Öl usw. Besonders freundliche Mieter hinterlegen für die Nachfolger einen Liter Wein oder lassen für den obligatorischen Willkommens-Drink auf der Terrasse wenigstens einen Tropfen Hierbas in der Flasche. Auch zu einem Auto kann man auf diese Weise kommen. Einfach den Verwalter des jeweiligen Hauses fragen. Der kennt mit Sicherheit jemanden, der jemanden kennt und so weiter. Zumindest findet sich in der Regel jemand, der besonders gute Kontakte zu irgendeinem Autoverleiher hat.

Wie gesagt: Wer hier überwintert, muss sich ins Zeug legen, um seinen Aufenthalt nicht als Eremit zu fristen. Immer auf die Leute zugehen, sich Tipps geben lassen und sich in Bars und Kneipen herumtreiben. Dann klappt's auch mit der Nachbarschaft! Hilfsbereitschaft wird auf der Insel groß geschrieben. Lieber einmal ungefragt mit anpacken als untätig herumsitzen. Oder den Nachbarn vor dem Großeinkauf fragen, ob man etwas mitbringen kann. Hört sich alles für unsereins ein wenig anbiedernd an, gilt aber unter Insulanern oft als Selbstverständlichkeit.

Viele bedauern, dass Deutsche immer nur mit anderen Deutschen unterwegs sind, Engländer mit Engländern und so weiter. Das hat schlicht und ergreifend etwas mit Bequemlichkeit zu tun, denn wer schon einmal einen Schwank seiner Jugend in einer fremden Sprache zum besten gegeben hat, weiß, wie tödlich die fehlenden Sprachkenntnisse für die Pointe sein kön-

nen. Und dann noch unter Einfluss von Alkohol – ein Desaster! Dabei ist gerade der Umgang mit Fremden doch das Spannende. Also: Nicht faul sein, sondern öfters mal einen Blick ins Wörterbuch riskieren! Das soll jetzt kein erhobener Zeigefinger sein, denn sich dem Müßiggang hinzugeben, hat auf dieser Insel überhaupt keinen negativen Beigeschmack. Im Gegenteil: Entweder ist es zu heiß zum Arbeiten oder zu kalt. Oder man will arbeiten und hat Pech und da kommt jemand mit einer Flasche Wein vorbei. (O-Ton Einheimischer)

Ellen zum Beispiel besitzt seit einigen Jahren ein Haus direkt am Meer. In absoluter Traumlage, wobei das Haus sicherlich noch einigermaßen bezahlbar war. Auf jeder anderen Insel im Mittelmeer hätten nur die Superreichen einen so exklusiven Platz für ihr Haus bekommen. Jedenfalls ist Ellen glücklich und kommt so oft es geht auf die Insel. Sie erzählt, dass sich die Insulaner für ihr Leben gerne über andere unterhalten, stundenlang mit wachsender Begeisterung tratschen, und dass deshalb viele Gerüchte im Umlauf sind. Einmal ist es ihr passiert, dass sie mit Bedauern vom Ableben eines geschätzten Nachbarn gehört hat. Zwei Wochen später hat sie ihn dann vor dem Supermarkt getroffen. (Hätte gerne ihr Gesicht gesehen, was sagt man in einem solchen Fall? Ähm, hallo, guten Tag, wähnte sie schon andernorts?!)

Streit um den Namen

In fast allen Reiseführern und Prospekten heißt es, dass der Name der Insel auf den römischen Begriff Frumentaria (Weizeninsel) zurück geht. Viele Historiker sehen das anders. Sie meinen, der Inselname leite sich von „Promontoria" (Vorgebirge) ab. Grund für die Annahme sind die beiden Kaps der Insel, der Cap de Barbária und die Mola. Die Frage, welcher Begriff dem heutigen Formentera zugrunde liegt, bleibt scheinbar offen.

Was die Bezeichnung „Pityusen" (Pinieninseln) für Ibiza und Formentera betrifft, herrscht Einigkeit bei den Gelehrten. Namensgeber hierfür waren die Griechen, die auch für den Ausdruck „Balearen" zuständig sind.

Ursprünglich aber galt dieser nur für Mallorca und Menorca. Denn vor allem von diesen beiden Inseln kamen die berühmten Steinschleuderer, die zunächst in den karthagischen und später in den römischen Heeren dienten. Aus dem Griechenwort „ballein" für schleudern wurde „Balearen".

Shopping auf Formentera

Die berühmten Formentera-T-Shirts mit den Salamandern und Stieren drauf gibt's fast überall. Und auch die blendend weißen, von den Spaniern so geliebten Kleider, Blusen und Hemden sind an jeder Ecke zu kriegen. Meist in guter Qualität und zu bezahlbaren Preisen. Wer einen Lieblings-Nicki-Pulli sucht, so einen superweichen Kuschelpulli, den man gar nicht mehr ausziehen will, geht am besten zu Costa in Es Pujols (Avenida Miramar, direkt am Strand) und blättert dafür etwa fünfzig Euro hin. Dort gibt es überhaupt die schönsten und bequemsten T-Shirts, Pullover und Hosen.

In der Boutique Donata's findet man das eine oder andere ausgefallene Kleidungsstück. So eines, das sich die Freundinnen später ausleihen und mit Staunen bekunden, so was Schönes gebe es zu Hause nicht. Donata lebt auf Formentera und das offenbar nicht schlecht.
Sie ist übrigens doppelt so alt wie sie aussieht. Und das ist selten bei den Zugereisten, denn die meisten kriegen irgendwann die typische, von der Sonne gegerbte Lederhaut und wirken eher älter als sie sind. Donatas Tipp: „So schön die Bräune ist, aber in Hinblick aufs Älterwerden lieber gar nicht erst in die pralle Sonne gehen!" Die gut gelaunte Rheinländerin (die sind – glaub ich – alle gut gelaunt) ist das beste Beispiel für DIE erfolgreiche Aussteigerin. Sie hat einen guten Riecher für Trends und Mitte Oktober, also kurz vor Ladenschluss, hängen kaum noch Klamotten in ihrem Laden. Sie genießt ihre Selbstständigkeit und meint Die Miete könnte ich doch in Deutschland gar nicht bezahlen. Und wenn, dann nur am Dorf. Also, hier die Adresse und bitte nicht aufs Hündchen treten!
Boutique Donata's, Carretera Es Palmador, Es Pujols, Tel. 971/328516

Von Gaumenfreuden und anderen Glückseligkeiten

Die einst sehr isolierte Lage Formenteras hatte zur Folge, dass die Inselküche über Jahrhunderte hinweg vorwiegend aus der eigenen Landwirtschaft und dem Fischfang im Mittelmeer bestand. Zusammen mit dem Meeresfang und Olivenöl bildete Getreide, insbesondere Weizen, die Grundnahrung der Einheimischen. Während die Männer es beim Fischfang zu einer ungeheuren Fertigkeit brachten und oft mit fetter Beute nach Hause kamen, besaßen die Frauen ergänzend die Gabe, aus den Fängen die köstlichsten Gerichte zuzubereiten. Noch heute sind die traditionellen Rezepte, die stets von den Müttern an die Töchter weitergegeben wurden, bei der Zubereitung der Fische maßgebend.

Folgende Speisen sollte man sich auf keinen Fall entgehen lassen: die auch auf dem Festland sehr beliebte Paella und die Zarzuela, ein Fischeintopf mit frischen Zwiebeln und Tomaten. Beides kann auf Formentera fast überall bedenkenlos bestellt werden. Ebenfalls zu empfehlen ist der „Fisch in grüner Sauce". Es handelt sich dabei um den „Fang des Tages", der zusammen mit Kartoffeln im Fischsud gekocht und dann mit einer Knoblauch-Petersilien-Soße überzogen wird. Wer einen Mero (Zackenbarsch) bekommt oder den berühmten Gallo (St. Petersfisch), sollte unbedingt zugreifen. Noch seltener gibt es den Raó, der in Deutschland kaum bekannt ist. Auf Formentera gibt es ihn noch, allerdings nur zwischen Juni und Oktober. Die Einheimischen lassen für ihn sogar die beliebten Langusten links liegen. Am besten im Restaurant nachfragen, denn auf den Karten steht er fast nie!
Noch heute ist der Fisch von den Küsten Formenteras wegen seines besonderen Geschmacks und seiner hervorragenden Qualität auf jedem Fischmarkt Spaniens anerkannt und beliebt. Nur sind die Gewässer bei weitem nicht mehr so reich an Fischen wie früher und die Fischer der Insel müssen weit hinausfahren, um noch einen ordentlichen Fang zu machen.

Kaffeepause am Cap de la Mola

Neben dem Fisch galt auch das Schweinefleisch von jeher als eines der wichtigsten Nahrungsmittel. Aufgrund der hohen Luftfeuchtigkeit und des Mangels an Kühlgeräten wurde das Fleisch hauptsächlich eingesalzt oder zu Wurst verarbeitet. Erwähnenswert ist die reichlich mit süßem Paprika angereicherte „Sobrasada" (Paprikawurst). Am besten lässt man der Wurst einen starken Schnaps folgen. Das gleiche gilt für die inseltypische Blutwurst, die „Butifarra".

In den Restaurants ist das Schweinefleisch neuerdings etwas aus der Mode gekommen. Stattdessen gibt es die ebenfalls auf den Pityusen vorhandenen Kaninchen (conejo) und den aus Ibiza übernommenen „Sofrit pagés", ein legendärer Eintopf aus Hühner-, Hammel- und/oder Lammfleisch (je nachdem, was gerade im Angebot ist), frischem Gemüse und Kartoffeln. Ein äußerst nahrhaftes und dank seiner typischen Gewürzmischung wohlschmeckendes Gericht, das sich besonders an kalten Wintertagen bei den Einheimischen und Residenten größter Beliebtheit erfreut. Auf den Speisekarten findet man diese deftige Delikatesse eher selten, dann schon eher als Überraschung an einem der Strand-Kioske.

Folgende Nachspeisen verdienen eine besondere Erwähnung: der Flao, ein Käsekuchen, der gerne mit Minze, Anis und heimischen Kräutern angereichert und weiß bestäubt oder karamellisiert serviert wird. Die süße Köstlichkeit ist leider nur selten auf den Speisekarten zu finden, doch wer danach fragt, hat manchmal Glück und bekommt trotzdem einen (Die Wirtin: „… dann kriegen halt die Kinder nichts, wenn sie aus der Schule kommen.").

Und nicht zu vergessen die „Salsa de Nadal" (Weihnachtssauce), eine Art dickflüssiger Punsch aus Hühner- und Schweinefleischbrühe, Eiern, Nüssen und zermahlenen Mandeln. Diese Sauce – gewürzt mit Zimt und Safran – gibt es praktisch nur während der Weihnachtszeit und unterscheidet sich kaum von der ibizenkischen, außer, dass dieser noch Honig beigefügt wird.

Zu einer gewissen Berühmtheit hat es ein weiteres Produkt der hiesigen Landwirtschaft gebracht: der Formentera-Wein. Jeder Besucher sollte ihn einmal – wenn auch in Maßen – probieren. Dieser Wein ist gegorener Traubensaft, der nach alter Überlieferung und ohne chemische Zusätze produziert wird. Die eigene Herstellung sowie der Mangel an Regen geben ihm seinen unverwechselbaren Geschmack. Entweder man mag ihn oder nicht (meistens mag man ihn nicht). Angeblich soll er aber zu den typischen Wintergerichten hervorragend passen.

Nach dem Essen gibt's dann einen cafè solo, der noch stärker als auf Ibiza serviert wird, und dazu einen Hierbas, den Kräuterlikor der Insel.

Vorsicht: ajoli!

Aus einem unbekannten Grund hat sich auf den Ferieninseln Spaniens, und das gilt auch für die Balearen, eine Unsitte breit gemacht, die nun auch auf Formentera herrscht. Zu den Fischgerichten, selbst zu feinem Hummer oder Langostinos, wird eine Olivenöl-Knoblauch-Eigelb-Soße gereicht, die den Namen ajoli trägt. Die einen lieben es, andere empfinden das fette Zeug eher als Beleidigung für die Geschmacksnerven. Gut höchstens für den, der die lästigen Mosquitos aus seinem Zimmer vertreiben will. Aber Achtung: Wenn keine Mosquitos, dann vielleicht auch sonst niemand.

Und hier unsere Lieblings-Restaurants auf Formentera:

Restaurante Pascual

Das Restaurante Pascual liegt in Es Calo, also im östlichen Teil der Insel. Hier wird ein Kochstil gepflegt, den es noch immer am meisten zu schätzen gilt: Fisch pur, ohne Fisimatenten, einfach frisch beim Fischer gekauft, soweit nötig ausgenommen, frische Gewürze drauf und rauf auf den Herd. Eine weitere Spezialität des Kochs: der katalanische Eintopf „Zarzuela". Dafür, dass das Pascual seit Jahren als das beste Fischrestaurant der Insel gilt, halten sich die Preise noch im Rahmen. Tel. 971/327014.

La Tortuga

Die Spezialität seit Jahren: das zusammen mit Äpfeln geschmorte Formentera-Schwein. Die Finca gehobenen Stils eignet sich optimal für den einen oder anderen Urlaubsabend, an dem man es „sich mal so richtig gut gehen lässt"! Sprich sich gütlich tut an leckerem, gegrilltem Spanferkel oder ähnlichen Sauereien. Besonders hervorzuheben ist die Atmosphäre des von dichten Bäumen überdachten Vorgartens. La Tortuga heißt übrigens Schildkröte, die – keine Angst – nicht auf der Karte steht. Knapp einen Kilometer außerhalb Sant Francesc in Richtung La Mola auf der rechten Seite.

Sa Gavina

Zum einen begeistert die Besucher die Traumlage am Strand, zum anderen sind es natürlich die köstlichen Speisen, die das Restaurant so beliebt machen. Fischliebhaber sollten sich unbedingt die Fischplatte gönnen. Wer es deftig liebt, freut sich über die Huevos a la Sollerica (Spiegeleier mit Erbsensauce auf würziger Sobrasada-Wurst). Hörst sich seltsam an, schmeckt aber köstlich! Keine Frage, dass „die Möwe" für ihre mit etlichen Preisen ausgezeichneten Speisen etwas mehr verlangt. Lohnt sich aber!
Platja dés Pujols, Tel. 971/321129

Es Cap

Vor allem bei Einheimischen und Residenten sehr beliebt und daher für Touristen noch ein echter Geheimtipp. Man sitzt gemütlich auf der großen Gartenterrasse und genießt köstliche Lammkoteletts. Nachfragen, wann die Grillabende stattfinden – sehr zu empfehlen!
Can Joan Damia, Richtung Cap de Barbaria, an der Abzweigung zur Cala Saona, täglich 13–23 Uhr, Tel. 971/322104

Pequeña Isla

Fragt man Einheimische, wo man am besten inseltypisch essen kann, fällt meist der Name des Pequeña Isla an der Hauptstraße Richtung La Mola. Besonders zu empfehlen sind die Lamm- und Fischgerichte. Unbedingt probieren: „frito de cordero"! (Freilaufendes und wilde Kräuter verspeisendes Insel-Lamm mit Kartoffeln, Knoblauch und Paprika).
Carretera la Mola bei km 16,7, Tel. ganzjährig geöffnet, Hostal:
Tel. 971/327013, Restaurant: 971/327068

Caragols sofregits – geschmorte Schnecken zum Nachkochen

Hier das überlieferte Rezept zum Schmoren von Schnecken. Klingt ein bisschen brutal und ist nicht jedermanns Sache. Wer die schleimigen Dinger liebt, kann nach dem Mairegen mal auf Schneckensuche gehen.

Ihre letzte Nacht verbringen die Schnecken in einem geschlossenen Gefäß, damit sie sich in Ruhe entleeren können. Am Morgen werden sie dann kräftig mit Wasser und Salz gewaschen. Der Boden eines Tontopfes wird mit frischem Majoran, Fenchelkraut, Minze und Thymian ausgelegt. Anschließend werden die Schnecken darauf gesetzt und mit kaltem Wasser übergossen. Das Ganze wird langsam erwärmt, allerdings bei kleinster Flamme, damit sich die Schnecken nicht in ihr Haus verziehen. Salz darüber und etwa 45 Minuten köcheln lassen. In der Zwischenzeit zwei Tomaten, eine Zwiebel und mehrere Knoblauchzehen schälen und klein schneiden. Die Schnecken aus dem Topf nehmen und gründlich abtropfen lassen. Jetzt im Kochtopf Olivenöl erhitzen und die Zwiebeln darin glasig dünsten. Tomaten und Knoblauch dazu, Gewürznelken und eine scharfe Pfefferschote und das Ganze einkochen lassen. Am Ende die Schnecken, ein Bund Petersilie und ein Glas Weißwein hinein und aufkochen lassen. Mit Salz und Pfeffer abschmecken und heiß servieren. Mit reichlich Hierbas, dem inseltypischen Kräuterlikör, hinunterspülen! Ganz und gar unprätentiös mit Zahnstochern schlemmen!

Die wichtigsten Sehenswürdigkeiten

Märkte

Am Sonntag und Mittwochnachmittag trifft man sich auf dem Kunsthandwerkermarkt in El Pilar. Die Touristen nennen den Markt „Hippiemarkt", die Aussteller legen jedoch großen Wert auf die richtige Bezeichnung. Denn sie garantiert, dass jede kleinste angebotene Kleinigkeit von eigener Hand hergestellt wird. Wer also ein Mitbringsel ersteht, kann sicher sein, dass es in liebevoller Kleinstarbeit gefertigt wurde, meist an kalten Wintertagen.

Ganz anders auf dem allabendlichen Markt in Es Pujols, der getrost Hippiemarkt heißen darf und alles Mögliche im Angebot hat. Den Unterschied erkennt man sofort: Neben Handwerkskunst findet sich hier jede Menge Plunder und billiges, zum Teil in Asien gefertigtes Zeug. Trotzdem kann man zwischen all dem Krimskrams auch echte Kostbarkeiten entdecken – ein Besuch lohnt sich auf jeden Fall.

Cap de la Mola

Das Hochplateau Cap de la Mola im Südosten ist ohne Zweifel der landschaftliche Höhepunkt einer Insel-Erkundung. Wer mit dem Rad oder gar zu Fuß unterwegs ist, wird mit herrlichen Meerblicken und dem Duft von Blumen, Pinien und wilden Kräutern belohnt. Botaniker freuen sich über das seltene Balearische Johanniskraut und über das weiße Balearische

Kleine Strandbucht an der Platja de Migjorn

Alpenveilchen. In der windumtosten Gegend steht noch heute eine gut erhaltene Windmühle, deren Flügel sich knarrend im Wind drehen. Die Mühle, nach der das Kap benannt ist, stammt aus dem Jahr 1778 und gehört heute einer Vereinigung zur Bewahrung historischer Gebäude.

Weithin sichtbar ist der imposante Leuchtturm Far de la Mola, der den Schiffen seit über einem Jahrhundert den Weg weist. Daneben steht eine schlichte, aber eindrucksvolle Gedenktafel für Jules Verne, der den „Leuchtturm am Ende der Welt" in einem seiner Zukunftsromane (Hector Servadac, Reise durch das Sonnensystem) erwähnt. Tatsächlich schweift der Blick von den 130 Meter hohen Klippen ins Unendliche. In unmittelbarer Nähe befinden sich eine Bar und ein Souvenirladen. Eine (allerdings anstrengende) Radtour ist der Leuchtturm allemal wert.

Salinenfelder

Fast jeder Reisende kommt an den Salinenfeldern vorbei. Es handelt sich um Salz-Produktionsstätten, die vor den „Segnungen" des Tourismus die Haupteinnahmequelle der Inseln bildeten. Eine kleine Eisenbahn beförderte das „weiße Gold", wie es früher genannt wurde, zum Hafen, wo es zum Transport in alle Welt verladen wurde. Heute ist das Gebiet ein Parc natural, weil in den Salinen seltene Vögel ihr Überleben sichern. Also auch für Vogelkundler ein interessanter Platz. Am schönsten ist ein Besuch der Salinenfelder kurz vor Sonnenuntergang!

Cap de Barbária

Wer das Glück hat, mutterseelenallein am Rande der Klippen zu sitzen, darf sich über ein wirklich spirituelles Erlebnis freuen. Schon bei Tage ist dieser Ort sehenswert, aber unter dem Sternenhimmel oder gar bei Vollmond gibt es kaum einen magischeren Platz. Zu einsamen Türmchen gestapelte Steine und ein Pentagramm künden davon, dass auch andere Besucher dies so erlebt haben. Obwohl die unwirtliche Steinwüste eher einer Mondlandschaft gleicht und auf den ersten Blick nicht gerade zum

Verweilen einlädt. Wie der Name schon verrät, verdankt das Kap seine Bezeichnung den „Barbaren" oder den nordafrikanischen Stämmen der „Berber", was für die piratengeplagten Insulaner wahrscheinlich ein und dasselbe gewesen ist. Heute steht an der Stelle, von der einst die gefürchteten Seeräuber gesichtet wurden, ein einsames, mächtiges Feuerwarnsignal für Schiffe. Drumherum nichts als Steine und die Weite des blauen Meeres. Angeblich soll man von hier bei schönem Wetter die mehr als 200 Kilometer entfernte Küste Afrikas mit bloßem Auge erkennen können. Vom Leuchtturm gelangt man zu Fuß in etwa zehn Minuten zur „Torre des Garroverret", einem der fünf im 18. Jahrhundert errichteten Wachttürme Formenteras.

Schon die Fahrt zum Cap ist ein Erlebnis, denn kurz nach San Francisco Richtung Südwesten offenbart die Insel ihren eigentümlichen, schroffen Charakter. Zum typischen Bild des bäuerlichen Formentera gehören die von niedrigen Steinzäunen umgebenen Bauernhäuser, Schafe, Ziegen und Feigenbäume. Wenn keine Autos und Mopeds unterwegs wären, könnte man sich glatt ein paar Jahrhunderte zurück versetzt fühlen. Ohne Frage ist es hier in der Nachsaison am schönsten und die Wahrscheinlichkeit, die Fahrt und das Kap alleine genießen zu können, am größten. Im Sommer sind etliche Fahrrad- und Mopedfahrer unterwegs und man fragt sich, wie die Bauern das ewige Geknatter ertragen.

Auf dem Weg zum Kap kommt man an den Ausgrabungsstätten Barbária II, Barbária III und schließlich Barbária I vorbei. Sie stammen alle aus der ersten Hälfte des zweiten Jahrtausends v. Chr. und wurden erst vor wenigen Jahrzehnten entdeckt. Die größte von ihnen ist Barbária II, eine aus insgesamt neun Gebäuden unterschiedlicher Grundrisse bestehende Siedlung. Man geht davon aus, dass hier einst zwei Wohnungen standen und der Rest als Werkstätten und Ställe genutzt wurden. Die beiden anderen Ausgrabungsstätten sind bedeutend kleiner und weisen keine Spuren menschlicher Besiedelung auf. Sie dienten vermutlich nur als Lagerstätten.

Ca Na Costa

Zu den wenigen historischen Sehenswürdigkeiten auf Formentera gehört ein besonders wichtiger Fund: das megalithische Monument von Ca Na Costa aus dem Jahre 1800 vor Christus, das kurz nach dem Ortsausgang von Es Pujols an der Straße nach Las Salinas liegt. Megalithgräber sind Großsteingräber (im Volksmund auch Hünengräber genannt), in denen meist mehrere Menschen bestattet wurden. Sie bestanden aus einigen Trag- und einem oder mehreren Decksteinen. Die ganze Anlage wurde mit einem Erdhügel überwölbt.

In der Nähe von Es Calo wurden Überreste eines römischen Kastells von Archäologen ausgegraben (Cán Blai). Ein Hinweisschild bei Es Calo weist zu der Stelle.

Wachtürme und Windmühlen

Die Wehrtürme rund um die Insel, die auf den Steilküsten errichtet wurden, dienten der Bevölkerung als Warnsystem gegen die Piratenangriffe. Sie heißen Es Pi des Catalá, Punta Prima, La Gavina, Espalmador und Torre des Cap. Auch die alten Windmühlen sind einen genaueren Blick wert. Die in La Mola besitzt noch ihre Flügel, zwei weitere gibt es in Sant Ferran und noch eine in Sant Francesc Xavier. In der zuletztgenannten Ortschaft erhebt sich die Kirche auf dem Hauptplatz als befestigtes Heiligtum, das auch als Zufluchtsort diente und im 18. Jahrhundert erbaut wurde. Die anderen beiden Kirchen der Insel wurden ein Jahrhundert später errichtet und befinden sich in Sant Ferran und La Mola. Eine Besonderheit unter den kirchlichen Bauten ist die Kapelle Sa Tanca Vella in Sant Francesc; sie war die erste auf der Insel und stammt aus dem 13. Jahrhundert.

Punta Pedrera

Im Norden Formenteras gibt es Orte von einzigartiger Schönheit, wie zum Beispiel die einsame, nur spärlich bewachsene Region um die Punta de Sa Pedrera. Diese verdankt ihren Namen einem besonders bearbeiteten Teil

Cap de Barbaria

des Steinbruchs, der heute ein verlassener Ort ist, wo die ständige Erosion des Meeres Stellen von überraschender Schönheit geschaffen hat. Wer Lust hat, kann in dem kristallklaren Wasser ein Bad nehmen und sich der absoluten Ruhe dieses Ortes hingeben. Optimal für Yogaübungen und zum Meditieren!

Der Steinbruch liegt im Nordwesten Formenteras in der Nähe des Estany des Peix. Diese Lagune, durch eine kleine Öffnung mit dem Meer verbunden, war einer der Häfen der Insel, bevor der heutige Hafen gebaut wurde. So kommt man hin: Von La Savina aus Richtung Sant Francesc fahren, kurz vor km 1 dann rechts in die Straße Richtung Can Marroig, nach 300 Meter wieder rechts auf die Piste. Am Hotel Lago Dorado vorbeifahren.

Info:

Durch die Anhäufung des vom Wind transportierten Sandes entstehen Dünen, die sich mit der Zeit in eine Steinart verwandeln, welche auf den Inseln sehr bekannt ist. Dieser Stein heißt *marès* und ist leicht abzubauen und zu verarbeiten. Die meisten Gebäude der Insel, angefangen bei den einfachen Häusern der Landbevölkerung bis zu den rustikalen Landhäusern der Reichen, sind aus diesem Stein gebaut. Als hätte die Natur den Pinsel selbst in die Hand genommen, passt der Stein farblich perfekt in die grüne Landschaft. Überall, wo dieses Material für den Haus- und Zaunbau verwendet wurde, ergibt sich eine selbstverständliche Harmonie. Für die Architekten der Moderne die größte Herausforderung, hier Gang und Gäbe!

Wissenswertes von A–Z

Ankommen – so geht's nach Formentera

Autovermietung: Wer nicht ein völlig abseits gelegenes Haus gemietet hat, kann auf Formentera eigentlich gut auf ein Auto verzichten. Mit dem Fahrrad oder einem Mofa ist man bestens beraten. Man kommt überall hin und wenn's mal eine weitere Strecke sein soll, kann man immer noch die öffentlichen Busse benutzen. Mietwagen gibt es auf Formentera in den größeren Orten und am Hafen La Savina. Hier einen Wagen zu mieten, bietet sich an, da man gleich von der Fähre ins Auto umsteigen kann. Im Touristenzentrum Es Pujols hat man eine ebenso große Auswahl. Für die kleinste Wagenklasse muss man allerdings während der Hauptsaison mit mindestens 300 Euro pro Woche rechnen (ohne Versicherung!). Während es in der Nebensaison überhaupt kein Problem ist, ein Auto zu kriegen und meist zu guten Konditionen, könnte es während der Hauptsaison schon schwieriger werden. Dann empfiehlt es sich, besser schon von zu Hause aus zu buchen. Im folgenden die Nummern einiger zuverlässiger Anbieter am Fähranleger La Savina.

Europcar bzw. Betacar: 971/322031
Autos Formentera: 971/322817
Autos Isla Blanca: 971/322558
Moto Rent Savina: 971/322275
Agustin: 971/328060

Medizinische Einrichtungen

Die Balearen sind im Allgemeinen medizinisch sehr gut versorgt. Die meisten Ärzte sprechen sogar etwas Deutsch oder zumindest Englisch. Wenn eine ambulante Behandlung ansteht, empfiehlt es sich, einen Reiseleiter oder sonstige „Eingeweihte" zu befragen, welchen Arzt sie bevorzugen würden. Wichtig: Medikamente müssen in der Regel bar bezahlt werden.

Rechnungen aufheben und nach Rückkehr bei der Krankenversicherung zwecks Rückerstattung einreichen.

Der Krankenwagen des Roten Kreuzes (Cruz Roja) kann unter der zentralen Telefonnummer 971/397000 gerufen werden. Auf Formentera erreicht man das medizinische Zentrum unter Tel. 971/320356.

Ärzte

Dr. Luís Martin Soledad, Edifício Los Almendros, Sant Ferran, Tel. 971/32 84 75.
Dr. Pedro Piza Caffaro, Avda. Pla del Rei, 12 Sant Francesc, Tel. 971/32 81 91.

Zahnärzte:
Dr. Carlos Serra, C/Jaime I, 31, Sant Francesc, Tel. 971/322453.
Dr. Gunther Hohmann, Edifício Sanieta, Sant Francesc, Tel. 971/322805.

Tierarzt:
Dr. Lorenzo Córdoba Mari, Sant Ferran, Tel. 971/329011, Notfälle: 608/631266.

Apotheken

Die durch ein grünes Kreuz gekennzeichneten Apotheken findet man:
in *San Fernando* in der Avda. Juan Castello 21, Tel. 971/328004,
in *San Francisco* an der Carretera La Mola km 3, Tel. 971/322419,
in *Es Pujols* im Amüsierviertel

Camping

Ist auf ganz Formentera nicht erlaubt! Zwar kursiert das Gerücht, dass ein Campingplatz geplant ist, doch existiert dieses Gerücht schon so lange, dass eigentlich niemand mehr daran glaubt. Wildes Zelten ist übrigens strengstens verboten!

Der Maler Virgilio auf dem Markt in El Pilar

Diplomatische Vertretungen
befinden sich auf Ibiza oder Mallorca!

Konsulat
Deutsches Konsulat, Carrer Antoní Jaune 2, Eivissa, Tel. 971/315763
(Mo–Fr 9–12 Uhr)
Österreichisches Honorarkonsulat
Carrer Sant Miquel 36, Palma de Mallorca, Tel. 971/723733,
Fax 971/719277
Schweizer Konsulat, Passeig de Mallorca 24, Palma de Mallorca,
Tel. 971/712520, 971/718238

Einreise
Kann sein, dass man dank der Europäischen Union überhaupt nichts vor-
zuzeigen braucht. Trotzdem sollte man sich natürlich ausweisen können.
Also stets Personalausweis oder Reisepass dabei haben. (für den
Mietwagen oder Roller auch an den Führerschein denken!). Bei den Zoll-
und Devisenbestimmungen gelten die Richtlinien der EU. Alle Waren für
den persönlichen Gebrauch können ohne Beschränkung eingeführt werden.

Für die Schweizer gelten natürlich andere Gesetze: Sie dürfen zollfrei nur
200 Zigaretten, 1 Liter Spirituosen mit mehr oder 2 Liter mit weniger als
15 Prozent Alkoholgehalt, zwei Liter Wein und sonstige Waren bis zu
einem Gesamtwert von 200 sFr. einführen.

Elektrizität
Auf den Balearen findet man sowohl 125 als auch 220 Volt Spannung vor.
Deshalb Geräte mitnehmen, die sich umstellen lassen. Ein größeres
Problem sind die Steckdosen. Da unsere genormten Stecker oft nicht pas-
sen, ist es am besten, einen Multistecker mitzunehmen.

Fremdenverkehrsämter

Wer sich vor der Reise mit Prospekten und letzten Informationen eindekken will, sollte sich mit seinen konkreten Wünschen an folgende Adressen wenden:

Deutschland

Spanisches Verkehrsamt, Grafenberger Allee 100, 40237 Düsseldorf, Tel. 0221/6803981, dusseldorf@tourspain.es

Myliusstr. 14, 60325 Frankfurt, Tel. 069/725033, frankfurt@tourspain.es

Postfach 15 19 40, 80051 München, Tel. 089/5389075, munich@tourspain.es

Österreich

Spanisches Fremdenverkehrsamt, Walfischgasse 8, 1010 Wien, Tel. 0043/1/5129580, viena@tourspain.es

Schweiz

Spanisches Verkehrsbüro, Seefeldstr. 19, 8008 Zürich, Tel. 0041/1/2527 930, zurich@tourspain.es

Geld

Aus Sicherheitsgründen empfiehlt es sich, statt jede Menge Bargeld ein paar Traveller-Schecks dabei zu haben. Ansonsten kann man mit der EC- oder Kreditkarte an den Bankautomaten Bargeld holen. Von den meisten größeren Hotels und in Restaurants und Geschäften werden Kreditkarten akzeptiert. Banken gibt es in San Francesc und San Ferran, EC-Geldautomaten und Wechselstuben überall.

Auf Formentera genau wie auf Ibiza empfiehlt es sich, zum Geldabheben stets seine EC- oder Kreditkarte dabei zu haben. Die Banken scheinen die einzigen zu sein, die sich den Ansprüchen der Touristen nicht anpassen. Sie öffnen ihre Pforten gerade mal bis 14.30 Uhr und gnädigerweise an manchen Donnerstagen bis zum Abend. Das hat zur Folge, dass die Kunden in den Banken Schlange stehen. (Ähnlich wie unsere heimischen Postbeamten haben es die spanischen Bankangestellten nicht gerade eilig, wieso auch!) Da lob ich mir den Geldautomaten, der zwar ebenfalls langsam arbeitet, aber immerhin in berechenbarer Geschwindigkeit und völlig unprätentiös das Geld raus rückt.

Die meisten Hotels, Restaurants und Geschäfte nehmen EC-Karten und Kreditkarten. Gerne gesehen: Visa und Eurocard. Mit der Amex hat man – wie überall außerhalb der USA – meist schlechte Karten. Da nützt es auch nichts, dass man sie das erste Jahr kostenlos bekommt. Man muss sie schließlich auch benutzen können.

Tipp:

Wer längere Zeit auf der Insel verbringen will, kann sein Geld auf elegante Art verwalten lassen. Die spanischen Banken in Touristengebieten führen sogenannte Touristenkonten. Dort zahlt man am ersten Tag das mitgenommene Geld ein und hebt nach und nach ab.

Eine der schönsten Strand-Bars überhaupt: Las Banderas

Internetcafés
Siehe jeweils im Serviceteil der Ortschaften!

Formentera im Internet
Eine der informativsten Seiten lautet: ***www.formentera-island.de***. Hier kann man auch seine eigenen Eindrücke schildern und Hotelbewertungen vornehmen.

Interessant und vor allem sehr unterstützungswert ist ***www.blausand.de***. Seit März 2001 kümmert sich Rolf Lüke mit großem Einsatz um mehr Sicherheit an Formenteras Stränden. Seine Schwester Beate starb im Herbst 1999 bei einem Rettungsversuch an der Playa de Mitjorn. Blausand.de finanziert sich übrigens ausschließlich aus privaten Mitteln und Spendengeldern. Wenn also jemand nach dem Formentera-Urlaub noch ein paar Euro übrig hat – hier ist das Geld wirklich bestens aufgehoben.

Eine sehr schöne und liebevoll gestaltete Seite ist die ***www.fonda.de***. Benannt natürlich nach der legendären Fonda Pepe. Wer Lust hat, kann seine eigenen Restaurant-Kritiken hinschicken oder was ihm sonst so einfällt. Scheint einen großen Fanclub zu haben, man erfährt sogar hin und wieder von Formi-Partys, die in Düsseldorf stattfinden. Der Formentera-Fanclub trifft sich also auch fernab der Insel. Auf der Seite findet man übrigens einen Link zu den aktuellen Fährverbindungen.

Auch nicht schlecht: ***www.inselfeeling.de***, eine private Seite und ***www.insel-formentera.info***

Das Wetter schon zu Hause wissen bei ***www.wetter.com***, dem besten Wetterdienst im Netz.

Reisen bucht man über ***www.reise.com***. Angebote aller wichtigen Veranstalter, aber auch Billigflüge oder Flug und Hotel. Einfach und sicher.

Ein bewährter Partner als Flugreisebüro ist ***www.travel-overland.de***

Kleidung

Leichte Baumwollkleidung dürfte in der Regel die richtige Ausrüstung für den Aufenthalt auf der Insel sein. Da das Wetter im Wesentlichen sehr konstant ist und kaum Überraschungen bereithält, kommt man mit relativ wenigen Kleidungsstücken aus. Wichtig ist, dass man für die Abendstunden den wärmenden Pullover nicht vergisst.

Im Winterhalbjahr ist es dann zu empfehlen, warme Wollsachen mitzunehmen. Im Übrigen gilt, dass man auf den Inseln selbst alle Kleidungsstücke zu uns entsprechenden Preisen (z. T. sogar etwas billiger) erwerben kann. Deshalb ist es nicht besonders tragisch, wenn man etwas daheim im Schrank vergessen hat.

Klima

Das günstige Klima von Ibiza und Formentera ist wohl einer der Hauptgründe, warum es die Leute auf diese Inseln zieht. Die Sommer sind verlässlich warm und trocken, die Winter ausgeglichen, mild und recht sonnig. Daraus folgt, dass die Inseln gerade auch in den Zwischenzeiten einen Aufenthalt rechtfertigen.
Ansonsten beträgt die Luftfeuchtigkeit im Jahresdurchschnitt 70 Prozent. Insgesamt lässt sich sagen: Ibiza und Formentera sind grundsätzlich etwas wärmer als Mallorca, sie eignen sich also auch besser für einen Besuch im Winter oder während des Herbstes bzw. im Frühling. Mallorca ist nicht selten dem frischen Nordwind Tramontana ausgeliefert, der im Sommer für angenehme Kühlung sorgt. Ibiza und Formentera lassen sich dagegen in erster Linie vom warmen Mitjorn, der aus Afrika herüberweht, umschmeicheln.

Formentera – Durchschnitts-Temperatur (°C)					
	Tag	Nacht	Wasser	Regen-tage	Sonnen-stunden
Januar	15	8	14	5	5
Februar	15	7	13	4	6
März	17	9	14	4	6
April	19	11	15	3	7
Mai	22	14	17	3	9
Juni	25	18	21	2	10
Juli	28	21	24	1	11
August	29	22	25	3	11
September	27	20	24	3	8
Oktober	23	16	21	6	6
November	19	12	18	6	6
Dezember	16	9	15	5	5

Aktuelles Wetter auf www.wetter.com

Literatur/Karten

Es gibt einige aktuelle Romane, die auf den Balearen spielen und zuhauf dort an Kiosken angeboten werden. In der Regel befinden sich aber auf dem Niveau von Groschenromanen. Amüsant zu lesen ist das Buch von George Sand, „Ein Winter auf Mallorca", das von ihren Erfahrungen mit Chopin während der freiwilligen Emigration in Valldemosa/Mallorca handelt. Sehr gut sind auch die Kriminalromane von Niklaus Schmid, einem profunden Ibiza/Formentera-Kenner, über den Privatschnüffler Elmar Mogge mit den Titeln: „Stelzvogel und Salzleiche", „Der Hundeknochen" und „Der Bienenfresser". Für Insel- und Krimifreaks sehr zu empfehlen. Wer nicht all zuviel unterwegs ist, kommt mit dem Kartenmaterial dieses Buches aus. Ansonsten gibt es bei den Mietwagen-Firmen meist kostenlose Inselpläne; und auch viele Hotels schmücken ihre Prospekte mit Inselkarten und Ortsplänen. Im Fremdenverkehrsamt in La Savina gibt's die Wanderkarte.

Notfälle

Diebstahl/Raub

Direkter Straßenraub ist sehr selten in Spanien. Dafür haben die Langfinger Hochkonjunktur. Besondere Vorsicht ist geboten in Menschenmassen (fiestas) und in Nahverkehrsmitteln. Vor allem aber wird aus Autos heraus gestohlen. Mietwagenfirmen raten, das Auto gar nicht erst abzuschließen.

Zuständig für Diebstahlsdelikte ist in größeren Städten das Comisaria de policia. Wo genau sich die nächste Comisaria befindet, kann in der Regel leicht bei Anwohnern erfragt werden. Dort erwarten einen meist lange Warteschlangen und eine häufig recht nachlässige Abfertigung. Unbedingt darauf achten, dass ein Protokoll mitgegeben wird. Außerdem ist es von Vorteil, ein Wörterbuch mitzunehmen, um die gestohlenen Sachen präzise benennen zu können. In kleineren Orten, wo Delikte erfreulicherweise recht selten sind, ist in der Regel die Guardia Civil zuständig. Die Zivilgardisten sind meist noch arroganter als die Nationalpolizisten, außerdem können sie recht rabiat vorgehen. Also, keine frechen Sprüche klopfen. Kann man hoffen, Gestohlenes wiederzubekommen? Nein! Wirklich einzige Möglichkeit, die auch von erfahrenen Polizisten angeraten wird, sind die Fundbüros (objetos perdidos) der Städte, weil eben auch Diebe nicht alles brauchen können. Wer in der Unglücksstadt bleibt, kann nach vier Tagen mal checken, ob was vom Diebesgut wieder aufgetaucht ist. Auf Formentera hört man übrigens äußerst selten von räuberischen Übergriffen!

Achtung:

Wenn das Auto beim Aufbruch beschädigt wurde, nicht vergessen, bei evtl. Reparaturen den Schaden genau bezeichnen zu lassen. Sonst gibt es womöglich Ärger mit der Versicherung.

Notfall-Vokabular

Das nächste Polizeibüro?	La comisaria más proxima?
Ein Raub/Ein Unfall	Un robo/un accidente
Ein Autoaufbruch	un robo de coche
Die Beschädigung	el deterioro
Der Kofferraum	la maleta
Der Innenraum des Autos	interior del coche
Gepäck	el equipaje
Papiere	documtentos
Pass	passaporte
Kleidung/Schuhe	vestidos/zapatos
Geld/Schecks	moneda/cheques
Ort des Diebstahl	punto de robo
Ich brauche ein Protokoll	necesito un protocolo
Die Adresse	domicilio
Ich habe nichts mehr	no tengo nada
Verletzung	la violación
Können Sie mir helfen?	puede me ayudar

Hinweis:

In Notfällen am besten an das Konsulat (Honorarkonsul in Ibiza Stadt) oder die Botschaft (in Madrid, anrufen) wenden. Die sprachliche Unterstützung erleichtert den Umgang mit den örtlichen Behörden wesentlich.

Post

Postämter heißen Correos, Briefmarken sind Sellos und können sowohl in der Post als auch in Tabakläden erworben werden. Im normalen Kiosk werden keine Briefmarken verkauft, auch wenn es dort Postkarten gibt.

Die Post befindet sich in der Nähe des Ortseingangs von Sant Francesc an der Straße Richtung Cap de Barbaría. Öffnungszeiten: Mo.–Fr. 8.30–14.30 Uhr (im Sommer bis 20.30 Uhr) und am Samstag von 9.30 bis 13 Uhr.

Sicherheit

Wer viel herum reist, sollte seine Wertgegenstände möglichst im Hotelsafe deponieren. Unterwegs sind immer noch Brustbeutel oder die Innentasche von Hosen die beste Lösung. Bewährt hat sich auch der Geldgürtel. So angenehm Formentera auch sein mag: Langfinger gibt's leider überall.

Sonnenuntergang

Dieser sollte täglich zelebriert werden. Am besten da, wo er am schönsten ist. Im folgenden die Hot-Spots: Can Rafalet, Kiosko Anselmo, Restaurant Es Mirador, Blue Bar, Restaurant Es Molí de Sal, Restaurant Savina, Restaurant La Florit.

Tanken

Auf der Insel gibt es zwei Tankstellen: Die Tankstelle *„Cepsa"* befindet sich zwischen La Savina und San Francisco auf der Hauptstraße bei Kilometer 1,1 und hat täglich von 7.00–22.00 Uhr geöffnet. Außer mit Bargeld kann man hier auch mit Visa, Amex und Mastercard bezahlen. Die andere Tankstelle – *„Repsol"* – liegt zwischen San Francisco und San Fernando. Dort kann man 24 Stunden am Tag tanken, zwischen 21.30 Uhr und 7 Uhr am Automaten.

Telefon

Die Vorwahl Spaniens von Deutschland aus ist 0034, die Telefon-anschlüsse von Formentera und die der restlichen Baleareninseln beginnen mit 971, die eigentlichen Telefonnummern von Formentera bestehen aus 6 Ziffern.

Um von Formentera nach Deutschland zu telefonieren, wählt man die 0049 gefolgt von der Ortsvorwahl ohne die führende Null.

Vorwahl der Schweiz: 0041
Vorwahl von Österreich: 0043

Die Mobilfunkabdeckung ist auf der gesamten Insel gewährleistet, selbst auf der Fahrt von Ibiza nach Formentera. Die Gebühren sollten vor Reiseantritt bei dem jeweiligen Provider erfragt werden. Insbesondere das Versenden der beliebten Kurznachrichten (SMS) ist in Spanien relativ teuer. Am besten kauft man sich eine spanische Telefonkarte und telefoniert vom Automaten aus.

Die wichtigsten Telefonnummern:

Notruf: 112
Polizei: 092
Feuerwehr: 971/322621
Ärztlicher Notruf: 061
Gift-Notruf (24 Stunden): 915/620420
Seenot-Rettung: 900202202
Flughafen Ibiza: 971/809000
Guardia Civil: 971/322022
Gesundheitszentrum: 971/322369
Taxi Sant Francesc: 971/322016
Taxi Es Pujols: 971/328016
Taxi La Savina: 971/322002

Tiere

Haustiere dürfen ins Land, wenn sie ein amtstierärztliches Zeugnis mit Angaben über Herkunft oder Abstammung besitzen. Eine Tollwutimpfung, die nicht länger als ein Jahr her ist, muss ebenfalls nachgewiesen werden. Am besten lässt man sich die Papiere zu Hause von einem spanischen Konsulat beglaubigen.

Leihmopeds und Räder gibt's überall

Trinkgeld

Freundlicher Service ist fünf bis zehn (eher zehn!) Prozent Trinkgeld wert. Auch der Taxifahrer rechnet damit, dass man den Fahrpreis aufrundet.

Trinkwasser

Formentera verfügt über keine Trinkwasserquellen. Das Leitungswasser ist je nach Unterkunft noch stark salzhaltig. Auch wenn es ungesalzen ist, eignet es sich nicht zum Trinken. In den Supermärkten kauft man das Wasser literweise.

Verkehr – Die Polizei fackelt nicht lange

Eigentlich gibt es ja nichts nervigeres als pingelige Polizisten, die nicht mit sich verhandeln lassen. So richtige Prinzipienreiter eben. Und die gibt's ausgerechnet auf Formentera, dem Paradies für Alt-68er, Rudolf-Steiner-Schüler, Haschisch-Raucher, Grünen-Wähler und Linksliberale.

All jener eben, die schon prenatal ihre Probleme mit jeder Form von Obrigkeit hatten. Zwar sind die Polizisten auf Formentera in der Regel nette Kerle mit südländischem Gemüt, aber bei Verkehrsregelbrüchen geht ihnen jeder Humor abhanden.

Immer wieder beobachtet man Touristen, die händeringend an der Straße stehen und fassungslos feststellen, dass ihr Auto geklaut wurde. Wurde es aber gar nicht. Die Ärmsten haben in der gelb schraffierten Halteverbotszone geparkt und das Auto wurde abgeschleppt. Sobald man sich auf der Insel auch nur beim kleinsten Vergehen erwischen lässt, muss man ordentlich bezahlen und bei Alkohol oder Drogen am Steuer kann es sogar passieren, dass man erst mal für eine Nacht einsitzt. Wer das Bußgeld sofort bezahlt – bei Ausländern ist das Pflicht – bekommt 20 Prozent Rabatt, man muss aber ausdrücklich danach fragen. Warum die Ordnungshüter auf Formentera so übergenau sind, liegt wahrscheinlich an der ungeheuren Unfallstatistik Ibizas. Dort fahren die Touristen berauscht und wie die Henker auf den oft engen Serpentinen und jedes Jahr kommen dadurch etliche zu Tode. Formentera will sich eben in jeder Hinsicht abgrenzen und in diesem Falle ist das ja mehr als rühmlich. Also: Fasten seat belts, Parken nur in ausgewiesenen Zonen und weder berauscht Auto noch Mofa oder Fahrrad fahren!

Zeit

Die Balearen liegen in der gleichen Zeitzone wie Deutschland. Somit gibt es keine Zeitverschiebung. Die Umstellung von Sommer- auf Winterzeit und umgekehrt erfolgt an den gleichen Tagen wie bei uns.

Zigaretten/Tabak

In Spanien sind Tabakprodukte billiger als bei uns. Die Hauptzigarettenmarken sind:

Blonde Zigaretten: Fortuna, Winston, Marlboro
Zigaretten mit dunklem Tabak: Ducados, Celtas, Sombra.

Tabak heißt auf Spanisch *tabaco*, Zigarettenpapier *papel*.

Nachtleben: Ein bisschen wie Chillen

Gleich vorab: Das Nachtleben auf Formentera kann mit den wilden Nächten auf Ibiza nicht mithalten. Wer Party pur erleben möchte, ist hier falsch und bleibt am besten gleich drüben auf der Schwesterinsel. Der echte Formentera-Tourist braucht keinen großen Rummel. Er schätzt das kühle Bierchen in der Strandbar und nette Unterhaltungen zu Club- und Gitarrenmusik. Unter der Woche ist oft gegen eins oder zwei Zapfenstreich und die Diskotheken sind allenfalls am Wochenende einen Ausflug wert. Auf Ibiza ist fast immer etwas los und in den angesagtesten Clubs würde kein normaler Mensch vor Mitternacht erscheinen. Dass dies auf Formentera anders ist, stellt für die wenigsten ein Problem dar. Denn für echte Nachtschwärmer beginnt die Bartime schon am späten Nachmittag, wenn in der Bluebar oder am Piratabus die ersten Sundowner geschlürft werden. Sobald die Sonne untergeht und sich die Blue-Hour ankündigt, gleitet man langsam in die Nacht hinein: unmerklich, ohne Hetze, ohne Make-up und oft genug ohne Ambitionen, den Stuhl an diesem Abend noch einmal herzugeben. Klingt wie aus der Jever-Werbung? Ist wohl auch ein bisschen so.

Ibiza-erprobte Partylöwen würden das Nachtleben auf Formentera wahrscheinlich eher als Chillout-Nummer abtun und höchstens am Morgen danach hierher kommen, um in entspannter Umgebung ihren Kater loszuwerden. Sie hätten dabei nicht einmal unrecht – es ist tatsächlich ein wenig wie Chillen. Offiziell gibt es ja keine Drogen auf der Insel, trotzdem sind viele der Meinung, dass sich die Touris auf den großen Nachbarinseln lieber aggressivere Dinge einwerfen, während auf Formentera immer noch hippielike die gemütliche „Joints-am-Lagerfeuer-Atmosphäre" herrscht. Kein Wunder, dass sich die Alt-68er hier wohl fühlen und in den Bars jede Menge Leute mittleren Semesters ihre hennagefärbten Frisuren zu guter, alter Gitarrenmusik – oder wie sie meinen: „richtiger Musik" – wippen lassen. Eric Burdon, Bob Dylan, Pink Floyd, Santana und Hendrix. Etwas Housiges darf es zwischendurch auch mal sein, noch lieber Goa Trance,

Hauptsache entspannt und nicht zu hektisch. Wo wir gerade bei den Joints sind: Ausgerechnet die Alt-68er scheinen damit gar nichts mehr am Hut zu haben. Für die sind das eher „olle Kamellen" und einige haben sogar zugegeben (ja in den Bars erfährt man so einiges!), dass Dope als weiche Droge wohl immer schon etwas unterschätzt wurde und so mancher Kamerad dank der Kifferei höllische Psychotrips erlitten hat. Andere wiederum haben es in ihrem Leben wegen nicht enden wollender Lethargie-Perioden zu rein gar nichts gebracht. Einer meinte sogar ganz und gar unbitter: So mancher würde heute vielleicht auch gerne was anderes fahren als so ne Schrottkarre. Sprach's und stieg in seine kleine, rote Ente. Aber nicht, ohne vorher einmal zärtlich über den Türrahmen gestrichen zu haben.

Strandbars und Kioske

Jedes freakige Urlaubsgebiet hat seine Besonderheiten, was Bars, Treffs und Kneipen angeht. Auf La Gomera etwa sind es die „geheimen" Bars im Inselinneren, Endpunkte von gigantischen Wanderungen. Auf Kreta werden die Treffs der tanzenden Einheimischen in den Dörfern unter den Travellern herumgereicht. Und auf Jamaica sind es die wilden Hüttenkneipen der Rastafaris. Auf Formentera sind es eben die Strandkioske, an denen sich das wilde Leben abspielt. Sie sind oft den ganzen Tag geöffnet, haben meist eine Kleinigkeit zu essen im Angebot und bieten zu jeder Zeit ein anderes Bild. Am schönsten sind die Bars kurz vor Sonnenuntergang, wenn man – etwas müde vom faulen Herumliegen am Strand – den ersten Cocktail oder das erste kühle Bier des Tages genießt. Man lauscht dem Gemisch von Musik und Wellenrauschen, man verschmilzt mit dem Stuhl, blickt aufs Meer und kommt nicht herum, dieses alte Gefühl von Freiheit und Abenteuer zu fühlen. Meistens wird man ein bisschen sentimental, weil es so doch immer sein müsste. Am besten noch einen Drink nehmen – carpe diem.

Blumenkinder brauchen Blumenautos

Im Folgenden eine Auswahl der schönsten Standbars auf Formentera:

Kiosko Pirata-Bus

Der mit Abstand schönste Platz zum Vertrödeln eines sonnigen Nachmittags. Ursprünglich tatsächlich ein Bus und heute ein plastikbeplanter Kiosk, hat die Bude immer noch etwas sympathisch Provisorisches. Ein mittel- bis noch älteres Publikum schart sich um den Tresen und in der Mitte der schöne Frauenfreund Claudio aus Argentinien mit dem Dauergrinsen im Gesicht. Man merkt sofort, dass ihm sein Job Spaß macht. Jeder ruft ihn beim Namen und beim Einschenken wiegt er den Kopf zum smoothen Takt der Musik. Die Mischung von Leuten ist angenehm unkonventionell. Da sitzt ein hünenhafter Rocker am Tresen, in der tätowierten Riesenhand ein Gläschen Mineralwasser, auf der Bank draußen halten zwei ältere, in bunte Gewänder gekleidete Damen Händchen und unterhalten sich darüber, welches Henna zum Haarefärben am besten ist. Ein gemütlicher Dicker kommt auf Krücken heran und lässt sich mit einem lauten Seufzer auf die Bank fallen, während die Menge in großes „Hallo, auch wieder da!" ausbricht. Entweder ist das hier ein Familientreffen oder die Leute sind wirklich so aufgeschlossen, dass jeder mit jedem plaudert. Eine junge Frau kommt aus den Wellen und reibt sich die letzten Wassertropfen vom Gänsehaut-Arm. Vor dem bevorstehenden Herbst graut ihr, die anderen nicken und da meldet sich gleich der Chef hinter dem Tresen: „Hey, bei Otto gibt's jetzt Daunenjacken für 39 Euro, sparste mehr als die Hälfte, schreib's Dir auf, hier nimm den Stift."

In anderen Reiseführern steht, dass die nacktesten und schönsten Jungs und Mädchen am Pirata-Bus liegen. Nichts davon zu sehen, aber unweit des Kiosks spielt eine Horde junger Leute Beach-Ball. Die kommen vielleicht nach dem Spiel vorbei und halbieren das Durchschnittsalter. Sollen aber erst mal wegbleiben, zumindest bis das Glas leer ist. Diese Leute hier sind die perfekte Gesellschaft: völlig relaxed, freundlich und unaufdringlich. Eine Schönheit kommt kurz vorbei, zündet sich unter der Plane ihre Zigarette an, weil's draußen zu windig ist. Sie trägt ein Fußkettchen über einem roten Minitattoo und einen blauen, gehäkelten Bikini, der viele hautfarbene Stellen hat. Klar, dass alle hin schauen, aber auf eine unverkrampfte Art und Weise. Die Unaufgeregtheit der Männer ist verblüffend.

Hier ist es schön, hier kann man bleiben und viele, viele Stunden seines Urlaubs verbringen. „Hey Claudio, schenk noch einen ein! Aber die Hälfte Gin langt auch, heißt schließlich Gin Tonic." Er grinst, wie immer.
Bei Kilometer 11 kurz vor Es Calo zum Strandabschnitt Playa Areals abbiegen; noch einfacher: vom Parkplatz beim Hotel La Mola ca. 800 Meter in Richtung Westen.

Blue Bar

Es geht die Legende um, dass in der Hippiezeit die erste Frage der Neuankömmlinge auf Formentera war: „Wo geht's zur Blue Bar?" Kein Wunder, schließlich sollen sich hier schon Pink Floyd und Bob Dylan (im kratzigen Formentera-Strickpulli!) die Ehre gegeben haben. Egal, ob's stimmt oder nicht: Legendär ist die Bar allemal, allein schon wegen der superben Lage. Tagsüber herrscht Restaurant- und Barbetrieb, am Abend beginnt die Partytime mit Tanz und Musik. Und so gelangt man hin: Carretera Sant Augusti, Platja de Mitjorn. Oder auch einfach San Fernando den Weg bis km 8 folgen, danach rechts hinunter. Neben einer sensationellen Aussicht erwarten einen Chillout-Musik und leckere Tapas. Die Blue Bar hat auch eine eigene website: www.bluebarformentera.com

Kiosko Tahiti Beach

Wenn die Betreiber gut drauf sind, und das sind sie meistens, dann macht hier das Inselleben am Strand am meisten Spaß. Denn neben den Urlaubern sind an Pepes Kiosko auch die jungen Einheimischen reichlich vertreten. Pepe sorgt immer für den richtigen Sound, und so kann es sogar vorkommen, dass sich abends ab 18 Uhr der Strand vor dem Kiosko zu einer einzigen Tanzfläche verwandelt. Nicht oft, aber wenn, dann ist die Atmosphäre unschlagbar!
Der Kiosko liegt in der Bucht hinter dem Hauptstrand von Es Pujols (einfach in Richtung Rocabella bzw. Illetas laufen!)

Fonda Pepe

Ist zwar kein Strandkiosk, gehört aber auf jeden Fall zu den legendärsten Institutionen der Insel. Nein, stimmt nicht: IST die größte noch existierende Bar-Legende Formenteras.

Fast jeder hier ist irgendwie berauscht und schaut einen mit glasigen Augen an. Sei's drum, das gehört wohl dazu.

Auf dem Mäuerchen bei Pepe sitzen Künstler mit Geltung und Freaks mit Geld von Mami und Papi, daneben die Schnorrer, die Normalos und die Sehnsüchtigen, die auch einmal – und sei es nur einmal im Jahr – ein bisschen auf Hippie machen wollen. Eben die gleichen Leute, die sich im Hippieparadies Koh Samui die Hennatatoos auf den Arm kleben, ein verwegenes Stirnband tragen und mit dem Motorrad durch die Gegend heizen. Die Mischung bei Pepe ist auf jeden Fall interessant. Hier wird angemacht und angelacht, geredet, getrunken und geschwiegen. Warum gerade die Fonda Pepe so wurde, wie sie ist? Wir wissen es nicht. Ist ja auch egal: Denn die Fonda, wie sie liebevoll genannt wird, ist einfach einmalig. Aber was rede ich: Einfach reinschauen und dafür sorgen, dass die Legende weiter lebt! (Siehe auch Seite 93)

Claudio am Pirata-Bus: Die Arbeit macht Spaß

Die Orte auf Formentera

Sant Francesc Javier

Der Ort, für den es mindestens drei Schreibweisen gibt, ist Hauptstadt und Verwaltungssitz zugleich. Hauptstadt ist vielleicht ein wenig zu großspurig formuliert, denn San Francisco ist kaum mehr als ein etwas größeres Dorf mit Kirche, Postamt, Rathaus und einer Hand voll netter Cafés, Restaurants und Geschäften. Der unübersehbare Mittelpunkt der Stadt ist die klobige Wehrkirche „Esglèsia de Sant Francesc Xavier" auf dem Marktplatz „Plaça de sa Constitució". Wer den verschlafenen Ort in allerhöchster Betriebsamkeit erleben möchte, kommt am besten am Vormittag hierher und lässt sich in der Fonda Platé nieder. Von diesem Café aus hat man einen idealen Überblick und kann – kühl beschattet –, dem fröhlichen Treiben zuschauen. In der Regel stehen unweit der Kirche ein paar alte Frauen in ihren schwarzen Gewändern, am Arm große Einkaufskörbe, aus denen Salate und Brote ragen. Eilig haben sie es nicht gerade. Jede Möglichkeit, ein gemütliches Pläuschchen mit einer Bekannten abzuhalten, wird fröhlich genutzt. Die eiligsten unter den Vorüberziehenden sind die jungen Geschäftsinhaber, die ihre Läden öffnen möchten. Und dann sind da natürlich die Touristen, erkennbar an Schlendergang und dem obligatorischen Schlurfen ihrer Flip-Flops. Im Grunde ein ziemlich unangenehmes Geräusch, vor allem dann, wenn aus dem Flip-Flop ein lang gedehntes Schlipp-Schlapp wird und man unwillkürlich an „feuchte Haut trifft Plastik" denkt. Als die Hippies kamen, waren es wahrscheinlich die Holz-Klocks, die auf dem Pflaster ihr Klack und Klock erschallen ließen, und später dann die Birkenstocks mit ihrem typischen Tip-Tap. Da lob ich mir die spanischen Espandrillos, die es zum Glück immer noch für ein paar Euros und in allen Farben gibt und wenn's hochkommt, die Mitbürger lediglich mit einem leisen Knirsch-Knarsch auf sich aufmerksam machen.

Vom Marktplatz aus geht auch die proper sauber gepflasterte Fußgängerzone ab. Sämtliche touristischen Artikel, die man auf Formentera erstehen kann, sind in dieser Straße vertreten: flippige Kleider, Kunsthandwerk, Strand- und Badezeug, Stickereien und Decken, Tücher, T-Shirts und Uhren. Daneben die sehr begehrten bunten Keramikteller und Zeitschriften in allen möglichen Sprachen. Mittendrin Manolos kleine Bäckerei mit preiswerten, frischen Donuts, Pizzastücken, Baguettes und Kuchen. Die Donuts sind so lecker, dass es bereits nach der Siesta keine mehr gibt. Auf die Idee, einfach mehr Donuts zu backen, ist Manolo offenbar noch nicht gekommen. Aber begehrt ist eben, was rar ist!

Wer vom Marktplatz die Fußgängerzone betritt, trifft rechterhand auf ein Geschäft mit etlichen Postkartenständern vor dem Eingang. Man sehe sich einmal die Hochzeitsgrußkarten genauer an! Bitte kaufen und dem nächsten befreundeten Paar zur Vermählung schicken! Für uns ein echter Spaß, in Spanien durchaus ernst gemeint. Wer vom Marktplatz aus die Parallelstraße der Fußgängerzone entlang spaziert (Carrer Santa Maria), findet rechterhand ein von außen unscheinbar wirkendes und ganz und gar untouristisches Geschäft mit Heimtextilien. Ein Besuch ist lohnenswert, denn unter den vielen relativ preiswerten Kissen, Decken, Teppichen und Bettbezügen findet sich so manches in mediterranen Farben gehaltenes Schmuckstück für die eigenen vier Wände.

In San Francisco gibt es zweifelsohne die interessantesten Läden auf der Insel, darunter auch einige Naturkost- und Kräutergeschäfte, die vor allem für Selbstverpfleger und Esoteriker interessant sind. Auch ein paar schöne Galerien gibt's hier und Fotoläden mit eigenem Atelier. Schreibwaren und Bücher kauft man am besten bei „Tur Ferrer" in der Fußgängerzone. Hier gibt es auch alle möglichen fremdsprachigen Zeitungen, bei den englischen Romanen allerdings gibt's – wie fast überall – nur Schund.

Sehenswürdigkeiten

Wehrkirche

Hauptsehenswürdigkeit ist die wuchtige Kirche Esglèsia de Sant Francesc Xavier. Sie wurde 1726 zum Schutz vor Überfällen türkischer und maurischer Seeräuber erbaut und gleicht eher einer Festung denn einem Gotteshaus. Mit ihren dicken Mauern, den kleinen Lichtluken, die früher mit Kanonen bestückt waren, war sie in den Zeiten der räuberischen Überfälle der sicherste Ort auf der Insel. Die massive Holztür hat man zusätzlich mit Eisenplatten verstärkt und eine Zisterne sicherte den Schutzsuchenden im Belagerungsfall die Wasserversorgung. Im dämmrigen Inneren des einschiffigen, mit einem Tonnengewölbe überdachten Gebäude zieht eine Statue des Schutzheiligen die Blicke auf sich. Von unbekannter Herkunft ist das kuriose Taufbecken. Keiner weiß, woher es stammt und warum das alabasterne Becken ausgerechnet Ochsenköpfe schmücken.

Museu Etnológic

Das Heimatmuseum betritt man entweder durch die mit meist modernen Kunstwerken bestückte Galerie in der Fußgängerzone oder von der parallelen Carrer Santa María aus. Die kleine Lokomotive im Innenhof zog einst die Waggons, mit denen das Salz aus den Salinen zu den Schiffen gebracht wurde. Die Sammlung erfasst Trachten und alte Fotos sowie allerhand Gerätschaften der Bauern und Fischer aus den letzten Jahrhunderten.
Fußgängerzone, Di.–Sa. 10–14 Uhr und 19–21 Uhr, So. 10–13 Uhr, Mo. 19–21 Uhr, freier Eintritt

Galerie „Sala de Cultura Sa Nostra"

Ausgestellt werden vornehmlich die Werke regionaler Künstler
Fußgängerzone, täglich 10.30–14 Uhr und 18–20 Uhr, Sonntag geschlossen.

Capella Sa Tanca Vella

Die winzige Kapelle ist das älteste Bauwerk christlichen Ursprungs auf Formentera. Sie wurde im 14. Jahrhundert nach der Vertreibung der Mauren im Zuge der Christianisierung von Katalanen errichtet und mit einem kleinen Glockenturm versehen.
Am südöstlichen Ortsrand im Carrer d'Eivissa

Unterkunft
Bar Centro
Beste Lage mit Sicht auf die Kirche. Schon am frühen Morgen treffen sich hier die einheimischen Männer auf einen café solo. Von außen ist kaum zu erkennen, dass es neben dem urigen Café noch sieben einfache Zimmer zu mieten gibt. Diese sind wahrscheinlich wegen des Gemeinschaftsbades so günstig: etwa dreißig Euro pro Nacht, in der Nebensaison noch weniger. Residenten und Einheimische lieben die zeitlose Schlichtheit der Bar – klassischer Fall von erfolgreicher Trendverweigerung. Ein schöner Platz zum Sitzen und Schauen.
Am Kirchplatz, Tel. 971/32 20 63

Casa Rafal
Ein paar ebenfalls sehr günstige Zimmer im Can Rafal, siehe unten

Essen
Restaurante Plate
Direkt am Marktplatz ist die Fonda Platé der Treff in San Francisco schlechthin. Ist es die exklusive Lage, die außergewöhnlich gut aussehende Frau hinter dem Tresen oder die Möglichkeit, frische Tapas zu genießen? Am besten findet man das selbst heraus, bei einem kleinen Bier oder einem Milchkaffee am Vormittag. Geöffnet ist die Bar natürlich den ganzen Tag.

Es Cap
Siehe Lieblings-Restaurants Seite 48

Can Rafal
Dieses einfache Restaurant ist ein echter Geheimtipp in San Francisco. Jeden Tag gibt's für acht Euro ein anderes Menü und frischen Fisch. Besonders zu empfehlen ist die Paella. Die Besitzer sind außerordentlich freundlich und haben für ihre Gäste immer ein paar Tipps zum Geldsparen parat (wo gibt's günstige Mopeds, Fahrräder und so weiter). Auch preis-

La Savina – Ankunftsort der Fähren

werte Zimmer gibt's hier.
Carrer Isidor Macabich, Tel. 971/322205. Küche von 13–15 Uhr und von
20–23 Uhr, direkt gegenüber der Boutique Bernadette

Café Columbus
Wer sich zur Teatime eine Pause unter blühendem Oleander gönnen möchte, sollte bei Rosmarie und Santi vorbeischauen. Im Angebot: hausgemachte Kuchen, kleine Mittagsgerichte und raffinierte Eisbecher.
C/ Isidor Macabich 7, Ostern–Ende Oktober täglich 10–21 Uhr

Agua con Gas Es Plá
An der Straße, die zur Cala Sahona führt, befindet sich dieses schön
restaurierte Landhaus. Geboten werden indische Gerichte und eine
erstaunliche Auswahl an Bieren.
Tel. 971/322790

Haupt-Treffs in der Fußgängerzone: *Estrella Dorada*, *Café Matinal* und
Fonda Platé (nicht zu verfehlen!)

Einkaufen
Frauen nehmen gerne die Boutique Bernadette im Carrer Isidor Macabich
13 ins Visier. Sämtliche Kleidungsstücke werden auf Formentera entwor-
fen und genäht. Wer auf ausgefallene Gold- und Silberstücke aus ist, geht
zu Enric Mjoral im Carrer Jaume. Leider etwas schwer fallen die Beton-
Kunstwerke von Schoppi aus. Seine bunten Skulpturen und Fabelwesen
haben über Formentera hinaus Berühmtheit erlangt. Als Mitbringsel im
Handgepäck nicht zu machen, aber schnell einen Container gemietet und
so ein Teil in den Garten gestellt! (Schoppi's Finca-Werkstatt: an der
Hauptstraße, täglich 10–13 Uhr und 17–20 Uhr)

Lebensmitteleinkauf

Formentera ist ein Dorf. Das kommt einem am ehesten beim Einkaufen zu Bewusstsein, wenn man an der Kasse die Leute trifft, die man am Abend vorher in einer Bar oder im Restaurant kennen gelernt hat. Und so wird der allseits bekannte und billigste Supermarkt „Syp" in Sant Francesc nicht selten zu einem Treffpunkt für vormittägliche Plaudereien. Die meisten Touristen kaufen das Nötigste in den viel teureren kleinen Läden, die es überall auf Formentera gibt, während die Selbstversorger zum Groß- einkauf hierher kommen. Zugegeben können die ersten Male an der Kasse gerade für Großstädter zur quälenden Geduldsprobe werden, denn die jun- gen Damen an der Kasse haben es alles andere als eilig und lieben es, mit ihren Kunden den neuesten Inselklatsch auszutauschen. Das Ganze mit einer grazilen Lässigkeit, dass einem Hören und Sehen vergeht. Spätestens hier wird einem bewusst, dass nicht sie das Problem sind, sondern WIR. Also: Einfach mal einen Gang zurückschalten, tief durchatmen, Blickkontakt mit den anderen Wartenden suchen und sich vielleicht selbst auf ein Gespräch einlassen!

Für Selbstversorger und Leute, die abends auf ihrem Hotelbalkon noch gerne einen Snack genießen möchten, folgende Tipps: Unbedingt die Oliven probieren: Marke La Españolas, die schwarzen sowie die grünen! Die grünen gibt's im Dreierpack in Miniausführung (süüß!) und heißen Clasicas. Dazu – ebenfalls von Consumer – die kleinen getoasteten Brote mit Tomate und Oregano (pan tostado con tomate y oregano). Als Nachspeise das Kokos-Yoghurt von Danone. Schon hat man ein köstliches Nachtmahl vor dem Schlafengehen. Kinder lieben die Kekse in Dinosaurier-Form von LU. Auch nicht zu verachten ist die Tomatensauce von Consumer (nein, wir haben keinen Vertrag mit denen!) aus dem Glas, genannt Tomate Frito. Was für eine köstliche Tomatensauce! Und weil's so schön ist, gleich das passende Rezept dazu – für Schnellköche und Selbstversorger:

Pollo á la Madeleine: Eine Zwiebel und eine Hühnerbrust in Würfel schneiden, kurz in Olivenöl anbraten, etwas Wasser dazu (wer will, einen Schluck Rotwein) und einreduzieren lassen, dann die legendäre

Die Fischhalle im Spy: Ein Augenschmaus

Tomatensauce drüber, etwas Salz und Pfeffer, einen Teelöffel Zucker (bei Tomaten immer!) und ein paar frische Kräuter wie Basilikum oder Oregano hinein. Umrühren, einen Schuss Sahne dazu und einen Hauch Paprika – fertig ist das Schlemmermahl. Am besten zu Reis oder Nudeln und serviert zu einem guten Tropfen Rotwein. Was den betrifft, sieht es auf der Insel nicht gerade rosig aus. Unter zehn Euro kriegt man kaum einen anständigen. Die Devise: Einfach mal alle Rioja Reserva durchprobieren, einer wird schon schmecken!

Nicht vergessen, die Lebensmittel stets luftdicht verpacken und lieber noch mal eine Tüte drum herum! Die Ameisen können mit ihren Straßen eine echte Plage sein und hat man sie erst einmal im Zimmer, kriegt man sie so schnell nicht los. Am besten gleich mal eine Packung Ameisenköder von GLOBOL mitnehmen und mitten in die Straße stellen. Bloß nicht die hochgiftigen Ameisenpuder auf der Terrasse verteilen! Es trifft mit Sicherheit die Falschen, denn dann müssen die Salamander dran glauben. Und diese freundlichen Kameraden sind ja bekannte Vernichter von allerhand unliebsamem Getier. Die fiesen Ameisen haben dann ihre Freude an den Salamanderkadavern und die Katze beißt sich in den Schwanz.

Service

Ärztliche Versorgung
Centro Médico, bei km 3,1 an der Inselhauptstraße Richtung La Savina, Tel. 971/322369, in Notfällen 971/322357, immer geöffnet.
Zahnarzt
Dr. Günter Hohmann: C/Sta. María, über dem Postamt, Tel. 971/322805
Apotheke
Unweit der Bushaltestelle, Tel. 971/322419
Post
In der Nähe des Ortseingangs an der Straße Richtung Cap de Barbária, geöffnet Mo.–Fr. 8.30–14.30 Uhr (im Sommer bis abends), Sa. 9.30 bis 13.00 Uhr.

Polizei
Tel. 092, Guardia Civil: Tel. 971/322419
Busverbindungen
Laut Sommerfahrplan fahren Busse zwischen allen größeren Ortschaften von Mo–Sa jede Stunde. Die Bushaltestelle befindet sich unweit des Verkehr-Kreisels am Ortseingang.
Taxis
Tel. 971/322016
Feste
Am 3. September zu Ehren des örtlichen Schutzpatrons Sant Francesc.

San Fernando (Sant Ferran de ses Roques)

San Fernando ist der zentralste Ort der Insel, von dem aus man jeden anderen Punkt der Insel am leichtesten erreicht. Im Grunde handelt es sich um ein etwas größeres Dorf, das als Verkehrsknotenpunkt der Insel vom Knattern der Autos und Mopeds geplagt ist. Doch weder die Einheimischen noch die Touristen scheinen sich daran zu stören. Sie sehen sogar recht entspannt aus, wie sie da an der Hauptstraße auf ihren Plastikstühlen sitzen und ihre Drinks genießen. Trotz Dauerbeschallung! Aber jene kennen die Besucher San Fernandos sowieso und darum sind sie schließlich hier. Denn das eigentlich Spannende an dem einstigen Hippie-Lieblingsort sind natürlich die Bars und Kneipen, allen voran die legendäre Fonda Pepe, die immer noch vom Glanz und Mythos der Achtundsechziger zehrt.

Sant Ferran, wie der Ort auf den Pityusen eigentlich genannt wird, entwickelte sich zum Knotenpunkt der Straßen von San Francisco nach El Pilar im Osten der Insel (und dem dortigen Leuchtturm La Mola) sowie der Straße des Feriendorfs Es Pujols im Norden zu dem schönsten Südstrand Playa de Mitjorn und der Ansiedlung bei Es Ca Marí. Im Laufe der Zeit ließen sich immer mehr kleine Läden, Bars und Handwerker in

Sant Ferran nieder, bis schließlich ein richtiger Ort daraus wurde, der zweitgrößte auf Formentera. Man wusste: Egal wohin die Touristen möchten, durch diesen Ort müssen sie – und welcher schlaue Geschäftsmann hätte sich diesen Umstand nicht zunutze gemacht?

Warum sich aber ausgerechnet als Tourist in San Fernando niederlassen, wo dieser Ort nicht einmal am Meer liegt und keine Sehenswürdigkeiten zu bieten hat? Zunächst sicher wegen der billigen Unterkünfte, dann natürlich wegen Pepes Fonda (Seite 78 und 93) und wegen der zentralen Lage. Außerdem ist hier immer etwas los und wenn in der Inselhauptstadt schon die Bürgersteige hochgeklappt werden, kommt hier erst Leben in den Ort.

Unterkünfte

Illes Pitiuses

Nicht das billigste, dafür aber sicher das beste Hotel am Ort. In der Hauptsaison kann man hier schon mal bis zu sechzig Euro pro Nacht loswerden. Geboten werden 26 Zimmer, Ausstattung mit TV, Klimaanlage und Telefon, sehr gute sanitäre Anlagen, die vor allem genügend Wasser abgeben, und ein nettes Café. Ein weiteres Plus: Als Ausgangspunkt für Abstecher auf die ganze Insel ideal (Busstation vor dem Haus). Die charmante Dame an der Rezeption spricht perfekt Deutsch.
Carrer la Mola, direkt an der Hauptstraße. Tel. 971/328017

Pension Fonda Pepe

Befindet sich direkt gegenüber der legendären Bar Fonda Pepe und wird deshalb auch meist von fröhlichen Kneipengängern frequentiert. Wer also Einschlaf-Schwierigkeiten hat, sollte ein Zimmer Richtung Pool buchen oder woanders hingehen. Ansonsten ist die Pension natürlich perfekt für Leute, die nach einer langen Nacht direkt ins Bett fallen wollen. Nicht direkt am Meer gelegen, aber in unmittelbarer Nähe einiger Bars und Restaurants. Sehr zu empfehlen, da äußerst freundlich geführt. Im Winter beheizte Zimmer!
Carrer Mayor, Tel. 971/328033, gegenüber Pepes Fonda
Wenn hier gar nichts mehr zu machen ist, versucht man es am besten bei

Apartamentos Mayans an der Straße nach Cala Embaster. Gegenüber der Pizzeria unterhalb der Fonda Pepe kann man bei „Felix" in der Kneipe nachfragen. Die haben auch einige wenige Zimmer. Auch die Bar Verdera, Tel. 971/3281455 an der Hauptstraße und der Kurzwarenladen daneben vermitteln günstige Schlafmöglichkeiten.

Essen und Trinken

Las Ranas

Eines der beliebtesten Restaurants bei den Einheimischen und Zugereisten. Und die müssen es schließlich wissen! Touristen, die auf Insider-Wissen aus sind, können hier zu späterer Stunde interessante Kontakte knüpfen. Vorher genießt man auf einer blumenumrankten Terrasse mediterrane Köstlichkeiten. Stimmt eben doch: „Wer gut zu seinen Blumen ist, kann kein schlechter Koch sein!" Ein gemütliches Abendessen lohnt sich auf jeden Fall, wenngleich man ein wenig tiefer ins Portemonnaie greift als in der nächsten Tapas-Bar!

An der Straße zur Cala en Baster, Tel. 971/328195, Montag Ruhetag, ansonsten von 20–24 Uhr.

Tipp:

Selbst im Urlaub wollen die wenigsten auf eine gute Pizza verzichten. Die besten Pizzen der Insel gibt's bei Macondo.

La Tortuga

Zu finden bei den Lieblingsrestaurants Seite 46

Bar Verdera

Optimaler Treff zum gemütlichen Frühstück mit der wahrscheinlich größten und leckersten Tapas-Bar der ganzen Insel. Die Lautstärke der stark frequentierten Kreuzung und die zum Essen kostenlos gelieferten Schwermetalle scheinen niemanden zu stören. Schon gar nicht die Bauarbeiter der Insel, die sich mit Appetit über ihre Tapas hermachen. Und

die müssen's schließlich wissen. Die Preise sind trotz der steigenden Berühmtheit nach wie vor moderat. Direkt gegenüber dem Hostal Illes Pitiuses an der Kreuzung.

Es Forn

Nettes, kleines Lokal am Carrer Mayor. Weniger bekannt und optimal für den kleineren Geldbeutel. Geboten werden inseltypische Köstlichkeiten.

Bar Ses Roques

Am besten begibt man sich erst nach 22.00 Uhr in die gemütliche Musik-Kneipe. Wer Glück hat, bekommt Live-Musik zu hören, wer noch mehr Glück hat, kriegt den Dylan aus der Box. Wie gemein: Ab und zu gibt's tatsächlich richtige Leckerbissen auf die Ohren! Bei guter Stimmung herrscht dann Partystimmung bis zum Morgen – ein Versuch ist die Bar allemal wert!

In Richtung Mola etwas außerhalb von Sant Ferran.

Einkaufen

Immer gut für ein Mitbringsel ist der Laden *„Art ceramic Angel"*, der sich direkt an der Hauptstraße befindet. Besucher können zuschauen, wie der Keramik-Künstler Teller und Tassen mit Inselmotiven bemalt. Jeden Tag von 10–20 Uhr geöffnet

Tropfsteinhöhle

An der Landstraße nach La Mola, bei km 6,3, liegt die Cova d'en Xeroni. Beim Besitzer Vicente Turmayans, der die Höhle 1975 zufällig beim Brunnengraben entdeckte, nachfragen, wann er Zeit hat. Er spricht gut deutsch und kann einige Anekdoten erzählen. Billig und ein guter Spaß für eine Stunde.

Service

Apotheke
An der Hauptstraße, Tel. 971/328004

Bus
Mit dem Linienbus kommt man von hieraus an alle wichtigen Plätze der Insel. Während der Hauptsaison fährt stündlich ein Bus, alles weitere im aktuellen Fahrplan!

Ärztliche Versorgung:
Für unsereins: Dr. Luís Martin Soledad, an der Hauptstraße Richtung Sant Francesc, Tel. 971/328475
Für Tiere: Dr. Lorenzo Córdoba Marí, Mo.–Fr. 10–14 Uhr,
Tel. 971/329011, Notfälle: Tel. 608631266

Internet
C@fe Formentera, an der Hauptstraße, www.cafeformentera.com,
Tel. 971/321842

Fest des Schutzpatrons
Um den 30. Mai mit Grillfesten, Musik, Tanz und Feuerwerk

Die Weltkneipe: Fonda Pepe

Nun also endlich Pepes Fonda oder einfach nur „Die Fonda", wie sie von den Einheimischen liebevoll genannt wird. Über diese Bar sind schon endlose Abhandlungen veröffentlicht worden. Fürs erste Folgendes: Die Fonda ist und bleibt DER Treff auf der Insel, auch wenn einige das Gegenteil behaupten, aber nie eine Alternative zu bieten haben.
Folgendes muss man wissen: Hinter der Bar ist eine Terrasse, die von einer niedrigen Mauer begrenzt wird. Und genau dieses graue, unscheinbare Ding ist eigentlich Pepes Fonda. Und nur wer einmal da gesessen ist, ist wirklich in San Fernando und bei Pepe gewesen.

Auf der Fähre meinte jemand: „Wenn das berühmte Mäuerchen sprechen könnte, auf dem so viele Ärsche gesessen haben!" Ja, ja, wenn. Dann wüsste man wenigstens endlich, warum Nina Hagen hier angeblich Hausverbot auf Lebenszeit hat. Aber die Besitzer der Fonda sind so verdammt diskret, hätte einen ja schon irgendwie interessiert. Und das Mäuerchen spricht in tausend Jahren nicht, graut bis zum Abend langweilig vor sich hin. Auf ihr wurde und wird stundenlang gesessen, geplaudert, philosophiert, gelacht und gestritten, gesoffen und geraucht, bis man hinten überkippte. Alle suchen die Legende dieses Ortes und vergessen dabei, dass man Legenden nur machen kann. Oder nicht?

Bloß nicht die Fonda bei Tage besuchen! Schließlich gibt es nichts traurigeres als eine legendäre Bar ohne Publikum. Auch eine alternde Primaballerina meidet in der Regel das Tageslicht und hat erst im Kunstlicht ihren großen Auftritt!

Es ist Mittagszeit und ein paar einheimische Männer sitzen bei Café Solo und lesen wortlos die Sportzeitung. Eine Szene wie aus dem legendären Streifen „El Mariachi". Die Luft ist erfüllt von schwirrender Hitze und dem Schweigen der Mittags-Stille. Plötzlich von irgendwoher anschwellende Musik, die drohendes Unheil ankündigt. Dann: Wieder Stille und die Saloon-Tür springt auf (in unserem Falle ist sie schon offen) und in der

Tür eine Gestalt im gleißenden Sonnenlicht. Langsam erscheinen die Konturen und die Blicke der Männer schweifen langsam von unten nach oben: Riesige Birkenstock-Schuhe in weiß, darunter rot geblümte Söckchen. Zwei weiße Waden, die zu ebenso weißen, birkenstammähnlichen Beinen gehören. Beide ab den Knien aufwärts in mittelblauen Freizeithosen steckend. Darüber ein gelbes T-Shirt mit der Aufschrift: „Lebkuchen ess ich für mein Leben gern." Ein blonder Lockenkopf darüber und mittendrin ein gerötetes, gold bebrilltes Gesicht mit einem schiefen Lächeln drin.

Ein Schrei durchbricht die Stille: „Duuu Kall, kumm amoll her, mahnst, des is werglich die berühmde Fonda Bebe, von der die soviel schreim? Songs amoll", sie spricht direkt in das Gesicht des Barmanns, is des dadsächlich des Logal mit die Hibbis, wo ma nie an Blatz grigd? Schaud mer fei ned so aus." Sie tippt mit dem rosa lackierten Zeigefinger auf ihr Reisebuch: „Sorry, but is sis se famous Fonda Pepe?" Der Barmann lächelt leise und nickt. Ungläubig bleibt die Frau im Türrahmen stehen und bemüht sich erst gar nicht, ihre Enttäuschung zu verbergen. Das blonde Kopfschütteln verschwindet aus dem Türrahmen. Sie schimpft mit irgendjemandem, der sie scheinbar aus dem Liegestuhl gezerrt hat, um diese berühmte Bar aufzusuchen. Langsam kehrt wieder Stille ein. Die Männer wenden sich ohne Regung ihren Sportnachrichten zu und genießen wieder die schläfrige Mittagsruhe über ihrer Fonda.

Der Barkeeper erlebt jeden Tag Szenen dieser Art. Die langen Gesichter der Besucher gehören zu seinem Arbeitsalltag. Dabei kann er am wenigsten dafür, dass dieser Ort zur lebenden Legende geworden ist.

Ab 14 Uhr kommt Leben in die Bude. Dann bekommen die Hungrigen im Restaurant für ein paar Euros einen leckeren Eintopf mit Brot, ziemlich deftig und nahrhaft, ganz im Sinne urspanischer Hausmannskost. Genau richtig für die harte Arbeit auf dem Feld und ebenso tauglich, um nachher den gefüllten Bauch in die Sonne zu halten und ein zufriedenes Nickerchen zu machen. Ein paar einheimische Bauarbeiter sitzen herum,

Ausgestiegen: Medienmacher Joachim Magin

verschlafene Traveller aus dem gegenüberliegenden Hostal, denen man dank ihrer Jugend die gestrige Nacht in der Fonda kaum ansieht. Ein paar kommen gerade vom Strand und die mit den Fotoapparaten und Reiseführern schauen schon ein bisschen weniger enttäuscht drein. Wären Karl und Käthe ein paar Stunden früher gekommen, hätten sie sich bestimmt über den Eintopf hergemacht, der einem fränkischen Eintopf sicher in nichts nachsteht.

Es ist Abend geworden und das Restaurant ist bis auf den letzten Platz belegt. Während die Leute ihr Besteck zu Fisch, Fleisch und Salaten klappern lassen, besingt vorne Lou Reed die wilde Seite des Lebens. Alles wartet auf die Nacht und manche Mädels, die noch ihre Strandsachen anhaben, gehen nur schnell ins Hotel, um später im Blumenkleid und mit frisch gewaschenem, noch nassem Haar auf der Mauer zu sitzen. Der Barraum um die abgegriffene Säule wird immer voller und die Musik dröhnt aus vollen Rohren. Kaum jemand kann sich vorstellen, dass dies der gleiche Ort wie heute Mittag ist. Die Barkeeper strengen sich an, mit dem Einschenken hinterher zu kommen. Sie schenken so ein, wie es sein soll, großzügig und schnell. Die meisten trinken ein Flaschenbier, roten Hauswein oder den inseltypischen Kräuterlikör Hierbas. Die härteren Trinker lassen sich spanischen Cognac in Wassergläser schenken, dass einem vom Zusehen schon schlecht wird.

Wer Kommunikation sucht, geht auf die inzwischen übervolle Terrasse und versucht, einen Platz auf dem Mäuerchen zu ergattern. Wer zur Toilette muss und „kurz mal aufsteht", hat Pech gehabt. So wechseln ständig die Gesprächspartner und mit der Zeit entsteht so was wie eine alternative Clubatmosphäre. Erst spät löst sich die Gesellschaft auf. Der Barmann hat inzwischen wohl 20 mal einen Turm Gläser eingesammelt. Stets umsichtig, freundlich, außer ein paar kurzen Bemerkungen wortlos. Nie beschwert er sich, wenn die Gäste die Stühle auch weitab der Kneipe mitnehmen. Nie fordert er jemanden, der seit Stunden ohne Getränk ist, zum Konsum auf. Solch ein Lokal müsste eigentlich bezuschusst werden; denn es leistet mehr als all die teuren Jugendhäuser in Mitteleuropa. Aber das ist nicht nötig. Denn den Umsatz in der Fonda dürfte immer noch keines der anderen Häuser auf Formentera erreichen.

Hinweis: Einige trauern den alten „Hippie"-Zeiten nach und bedauern die Kommerzialisierung bei Pepe. Kann schon sein, uns hat es in der Nachsaison auch besser gefallen, ganz einfach, weil da die interessanteren Leute unterwegs waren. Aber nach wie vor bleibt die Fonda eine „Weltkneipe", die ein ganz besonderes Flair innehat. Ein Muss!

Da weiß man, was man spielt ...

Ekkehard, kurz Eki genannt, kommt aus dem hintersten Winkel seiner Werkstatt zur Eingangstür und breitet gleich begrüßend die Arme aus. Schon gut, schon gut Eki, wir Spießer vom Festland sind das nicht so gewohnt, trotzdem schön, Dich kennen zu lernen ...
Eki ist, wie die gesamte Atmosphäre hier, ausgesprochen offen und freundlich. Junge Männer mit bloßem Oberkörper schinden sich am Holz ihrer selbst entworfenen Gitarre. Da wird gehobelt und gesägt, gefeilt und poliert. Einer wischt sich den Schweiß aus der Stirn und tauscht die Feile gegen eine Selbstgedrehte. Er stöhnt: „Hätte nicht gedacht, dass das so anstrengend ist. Hinterher weiß man, was man in der Hand hat. Kann es kaum erwarten, das Ding zum ersten Mal zu spielen." Eki kommt heran und inspiziert das Stück Holz, hält es unters Licht, befühlt Ecken und Kanten und lobt den jungen Mann, der scheinbar selbst noch nicht glauben kann, dass er – ein blutiger Anfänger – dieses leblose Stück Holz binnen zwei Wochen in eine bespielbare E-Gitarre verwandeln wird. Wer hierher kommt, realisiert meist einen lang gehegten Traum: den von der eigenen, handgefertigten E-Gitarre oder dem E-Bass. Jeder baut sein ganz individuelles Instrument und alles ist möglich: vom Nachbau einer Stratocaster, Les Paul, PRS oder Jazz-Bass bis zu ganz eigenen Entwürfen, 7-Seiter-Gitarren, Bariton-Gitarren oder Linkshänder-Instrumente. Von wegen Baukasten oder festgelegte Schablonen – nix da! Sämtliche Details sind frei wählbar: Mensur, Halsdicke und -breite, Hardware und Pickup-

Bestückung. Pro Kurs sind nur sechs Teilnehmer zugelassen, damit sich die Lehrer intensiv kümmern können. Inklusive der Materialkosten zahlen die Gitarrenbauer 1750 Euro. Wer seine zweite Gitarre in Angriff nimmt, kriegt eine Ermäßigung von 150 Euro. Auch in Sachen Unterkunft können die Kursteilnehmer nicht meckern. Gerade mal 15 bis 18 Euro kostet die Nacht plus Frühstück im Hostal Pepe um die Ecke. Direkt gegenüber befindet sich dann auch die legendäre Hippie-Bar, die Fonda Pepe. Optimal für Freunde des Gitarrensounds. Jimmy Hendrix lässt grüßen.

Der Schriftsteller Nik Schmid kam einmal zufällig dazu, wie sich die Kursteilnehmer nach Fertigstellung ihrer Instrumente zum Zusammenspiel trafen. In seinem Buch „Formentera – Eine Insel auf dem Weg zur Legende" berichtet er Folgendes:

„... eine Flasche Rotwein kreist, und mit jedem Schluck verbessert sich das Spiel. Mit dem Mondlicht als Beleuchtung, begleitet vom Wind und Wellenrauschen klingt es wirklich nicht schlecht. Diese Stimmung war es, die Musiker wie Chris Rea und Wolf Biermann angelockt hat. Lange vor ihnen sang Peter Sinfield von King Crimson „Formentera Lady". Und die britische Gruppe Pink Floyd ließ sich hier zur Filmmusik von „More" inspirieren, einem Drogenfilm, den der Franzose Barbet Schroeder auf Ibiza drehte. Das war Ende der sechziger, Anfang der siebziger Jahre. Doch die Anziehungskraft blieb. Als Robert Plant von Led Zeppelin vor einiger Zeit auf Ibiza eine Platte aufnahm, kam er nach Formentera, schaute sich um und sagte: „Man, you are living in a fucking paradise." In der Umgangssprache der Altrocker wahrhaftig ein Riesenkompliment für die Insel ...

Adresse: Formentera Guitars, Calle Sant Jaume 17, E-07871 Sant Ferran, Telefon und Fax 0034/971/328688, www.formentera-guitars.com

Im Hellen gibt's noch Platz auf der berühmten Mauer ...

Es Pujols

Viele Touristen mögen's übersichtlich und schätzen es, an ihrem Urlaubsort keine lange Orientierungs- und Eingewöhnungszeit zu haben. Für jene ist Es Pujols genau der richtige Platz. Nach einem ausgedehnten Spaziergang kennt man sich bestens aus. Hier findet man alles, was den Urlaubsalltag erleichtert: Geschäfte mit Bade- und Strandzeug, Moped- und Fahrradverleih, Postkarten, Briefmarken, Fotoläden und Banken. Weil der Ort in den sechziger Jahren des 20 Jh. ausschließlich zur Bewältigung der Touristen-Ströme erbaut wurde, sucht man nach historischen Spuren vergeblich. Nicht einmal mit einer alten Kirche oder einem Wehrturm kann das Örtchen aufwarten. Andererseits muss man ihm zugute halten, dass man hier auch keine riesigen, die Landschaft entstellenden Bettenburgen aus Beton findet, wie beispielsweise in Spanien. So etwas gibt's zum Glück auf ganz Formentera nicht. Die Umwandlung eines kleinen Fischerhafens in eine Touristen-Siedlung erfolge mit der größten Umsicht der Inselverwaltung. Entstanden sind eine schöne Strandpromenade mit mehreren Restaurants und Bars und ein paar Straßen mit Hotels und Geschäften, die zum Bummeln und Flanieren einladen. Und los ist auch immer irgend etwas: Hier spielt eine Jazz-Band aus Nord-Amerika und dort versucht ein Trommler sein Glück mit afrikanischen Rhythmen.

Zwar ist Es Pujols zweifelsohne das quirlige Zentrum der Insel, doch im Vergleich zu anderen Touristenorten geht es hier immer noch eine Spur entspannter und gemütlicher zu. Etwas lebendiger wird's gegen Abend, wenn die Händler an der Promenade ihre Stände aufstellen und die Damen und Herren ihre sonnengebräunte Haut in neuen Sommerkleidern spazieren führen. So ein bisschen Sehen und Gesehenwerden gehört natürlich auch dazu, und wer genauer hinhört, erkennt unter den Touristen eine Menge Düsseldorfer. Und die bringen im Laufe der Jahre halt so ein bisschen Kö-Flair mit. Singles und Alleinreisende kommen übrigens besonders gerne in das gemütliche Es Pujols. Man sieht sich tagsüber am Strand und trifft sich abends in der Bar, da bleibt das Kennenlernen kaum aus. Im Nu haben sich ein paar Gleichgesinnte zusammengefunden, die sich abends in ihrer Stammkneipe treffen. Aber keine Sorge: Das Nachtleben nimmt hier bei weitem nicht den Stellenwert ein, wie es auf Ibiza oder Mallorca der Fall ist. Das wilde Partyleben jedenfalls sucht man auch in Es Pujols vergeblich.

Die Haupt-Sprache ist Deutsch und so kann man im Restaurant genauso in seiner Landessprache bestellen wie beim Friseur oder beim Fahrradverleih. Selbst die Verkäufer auf dem allabendlichen Markt preisen ihre Ware auf rheinländisch oder bayrisch an. So kommt es, dass man in Es Pujols weder auf seine heimatliche Biermarke noch auf die frischen Brötchen verzichten muss. Hört sich alles in allem nicht besonders sympathisch an? Ist es dennoch! Denn die vielen Deutschen, ihres Zeichens hauptsächlich rheinländischer Herkunft, gehören fast ausnahmslos dem angenehmeren

Teil unserer Landesgenossen an. Sie präsentieren sich gut gelaunt, offen und genussfreudig, hilfsbereit, ganz selten laut und aufdringlich – genau so, wie man die Deutschen im Urlaub am liebsten hat. Ist es im übrigen nicht erstaunlich, dass es uns ein derartiges Unbehagen beschert, wenn wir bei der abendlichen Pizza hüben wie drüben unsere eigene Sprache vernehmen? Der Anspruch, im Ausland das Exotische, komplett Ursprüngliche eines fremden Landes in uns aufzunehmen, gehört scheinbar genauso dazu wie der Wunsch nach Satelliten-Fernsehen und einer sauberen Dusche. Vor dem Euro hatte man wenigstens noch den ultimativen Reise-Bewusstseins-Kick mittels einer fremden Währung, die man mit größtem Behagen und sich steigender Reiselust in Händen hielt und eingehend betrachtete. Allein das Befühlen der knittrigen Scheine erweckte ein Gefühl von Abenteuer und ungeahnten Möglichkeiten – herrlich!

Sehenswürdigkeiten

Wie gesagt, in Es Pujols gibt's keine. Einzige Attraktion ist der abendliche Hippie-Markt. Aber etwa zwei Kilometer von hier kann man zumindest eine archäologische Ausgrabungsstätte besichtigen:

Ca Na Costa (Megalithgrab Altertum)

Die Grabanlage nordwestlich von Es Pujols beweist, dass Formentera schon in der Bronzezeit besiedelt war. Als das Großsteingrab Mitte der siebziger Jahre entdeckt wurde, war das eine echte Sensation. Bei den Ausgrabungen fand man zunächst Stein-Werkzeuge und Töpfe, später Knochen von zwei Frauen und sechs Männern. Ca Na Costa besteht aus einer Grabkammer, die von sieben mannshohen Steinplatten umgeben ist. Bei genauerem Hinsehen fällt der aus niedrigen Steinen geformte Eingang auf. Kleinere Felsplatten verlaufen sternförmig vom Grab weg und lassen darauf schließen, dass das Grab von zwei steinernen Ringwällen umgeben war. Der Zauber, der von der fast viertausend Jahre alten Kultstätte ausgehen könnte, wird durch ein Gitter gestört, das man zum Schutz der Anlage erbaut hat. Dennoch sollte man sich das Grab ansehen, da es zu den bedeutendsten vorgeschichtlichen Stätten der Balearen zählt. Der gut beschilder-

Nur ein Tipp für Leute mit Respekt: Der Friedhof

te Anfahrtsweg eignet sich bestens für eine Radtour, die man allerdings am besten in den kühleren Vormittags- oder späten Nachmittagsstunden unternimmt.

Unterkünfte

Hotel Rocabella

Das ist das Sympathische an Formentera. Die exklusivste Lage am Strand hat sich nicht etwa ein den Superreichen vorbehaltener Edelbunker unter den Nagel gerissen. Nein, hier steht – traumhaft gelegen am Kap beim nordwestlichen Strandende – ein Hotel für jedermann mit moderaten Preisen und tollem Service. Individualtouristen, die hier residieren möchten, müssen sich sputen, weil etliche Reiseveranstalter das Rocabella im Programm haben. Die Zimmer sind recht schlicht, dafür ist der Pool schön gelegen. Ein weiteres Plus: Ruhiges Schlafen durch die Distanz zum Hauptort, der jedoch per 5-Minuten-Fußmarsch leicht zu erreichen ist. In der Hauptsaison kosten die Zimmer zwischen 55 und 105 Euro.
Platja dés Pujols, Tel. 971/328130, Fax 971/328002.

Hostal Voramar

Unweit der Strandpromenade und mitten im Zentrum von Es Pujols befindet sich die familiengeführte Pension Voramar. Der Fischer Xiquet, seine deutsche Frau und deren Jungs sind mit Freude bei der Arbeit. Egal ob im Hotel, in der Bar oder im hervorragenden Fischrestaurant Pinatar: Der Service ist stets vorbildlich und die Atmosphäre sehr freundlich. Kürzlich wurde die Pension komplett renoviert und befindet sich daher im allerbesten Zustand. Besonders geschätzt wird hier das Frühstück. Man sitzt direkt an der Straße zum Strand und hat einen guten Überblick über das Kommen und Gehen in Es Pujols.
Avda. Miramar 29–35, Tel. 971/328119, Fax 971/328680

Sa Volta

Nach wie vor das Hostal mit dem beliebtesten Café an der zentralen Kreuzung des Ortes. Hat man am Vorabend vergessen, sich die Telefonnummer der Bar-Bekanntschaft geben zu lassen, braucht man sich nur hier niederzulassen und darauf zu warten, bis sie vorbei spaziert.

Für Leute mit Einschlafschwierigkeiten ist diese vielleicht nicht die allergeeignetste Unterkunft, obwohl die Lärmschutzfenster den größten Teil der Geräuschkulisse abhalten. An den Zimmern gibt's nichts auszusetzen, diese sind sehr gepflegt und komfortabel. Auf der Dachterrasse gibt's sogar einen kleinen Pool. Mit 70–105 Euro pro DZ ist man in der Hauptsaison dabei.
Am Ortseingang, nicht zu verfehlen, Tel. 971/328125, Fax 971/328228

Hostal Tahiti

Optimal für Leute, die direkt im Zentrum des Geschehens sein möchten, sich zum Schlafen aber gerne in eine ruhigere Ecke begeben. Das Tahiti liegt unmittelbar am Strand von Es Pujols, bis zum Ortskern sind es etwa fünf Minuten zu Fuß. Unter Leuten, die jedes Jahr nach Formentera kommen, ist die Pension ein echter Geheimtipp. Manche Gäste haben bemängelt, dass die Putz-Damen zu früh unterwegs sind und jeden Tag einen ordentlichen Radau veranstalten. Scheinbar aber der einzige Makel an dem frisch renovierten Hostal. Die Halbpension beinhaltet Frühstück und Abendessen in Buffetform. Tischtennis im Preis enthalten, Billard gegen Gebühr.

Calle Fonoll Mari
Tel. 971/328122, Fax 971/328817

Appartements Catalina
In direkter Nachbarschaft befindet sich dieses Haus, ein echter Geheimtipp für jene, die nach einem Appartement Ausschau halten. Diese sind äußerst großzügig und optimal für Familien mit Kindern. Die Ausstattung kann sich sehen lassen: 2 separate Schlafzimmer, Sat-TV, Balkon oder Terrasse.
Tel. und Rezeption wie Hostal Tahiti!

Hostal Capri
Angeschlossen an eines der ältesten und beliebtesten Restaurants der Stadt. Die Zimmer sind einfach, gepflegt und preiswert. Siehe auch Seite 106. An der Flaniermeile zum Strand

Appartements Es Pujols
Sympathische Appartementanlage, etwa 200 Meter vom weißen Strand entfernt. Saubere Zimmer und Frühstücksbar. In der kleinen Küche der Studios kann man sich gut selbst verpflegen. Tischtennis (im Preis enthalten) sowie Fahrradverleih und Billard gegen Gebühr.
Tel. 971/328282.

Hostal Levante
Optimal für Familien mit Kindern ist dieses freundlich geführte Hotel. In der Hochsaison ist es mit seinen hübschen Zimmern meist Ziel von Pauschalurlaubern, die Preise liegen bei etwa 70 Euro pro Doppelzimmer. Liegt zwar nicht direkt am Meer, aber unweit davon entfernt.
Carrer Espalmador, Nr. 21–31, Tel. 971/328193, Fax 971/328641

Ferienhäuser und Appartements

Reinhardt Touristik, Carrer Espalmador 33, an der Zufahrtsstraße aus Richtung La Savina, Tel. 971/328305

Essen
Caminito

Optimal, wenn man keinen Fisch mehr sehen kann. Schließlich verlangt der Körper zwischendurch nach einem schönen, blutigen Steak. Das argentinische Steakhaus befindet sich direkt an der Promenade.
Tel. 971/328106

Pinatar

Gute, vornehmlich inseltypische Küche mit Schwerpunkt Reis- und Fischspezialitäten. Sehr freundliche Leute und als Geheimtipp für Fischesser gar nicht mal so teuer (Hauptgerichte 10–12 Euro)
An der Strandpromenade, nicht zu verfehlen!

Sa Palmera

Nirgends gibt es so gute Feigen im Speckmantel wie hier! Auch nicht zu verachten die Krebsfleisch-Bällchen als Vorspeise. Hinterher die Hammelbeine aus dem Ofen oder die Zarzuela aus Schalentieren und frischen Fischen. Freundlicher Service, Meerblick und akzeptable Preise – was will man mehr? Tel. 971/328356.

Sa Gavina

Eines der besten Restaurants überhaupt, siehe „Unsere Lieblingsrestaurants" Seite 46

Tipp für Vegetarier:

Das Integral in der Nähe des Pizza Pazza. Im Angebot: Couscous, vegetarische Bocadillos und knackige Salate. Gute Preise!

Restaurant Ses Feixes
Etwas außerhalb, aber gut zu Fuß oder mit dem Rad zu erreichen. Ein riesiges grünes Schild an der Straße Richtung Sant Ferran weist den Weg. Man sitzt in einem großen Hof und genießt mediterrane Küche, Pizza oder Grill-Spezialitäten.

Restaurant Capri
Glücklich, wer zur Hauptsaison auf der großen, schattigen Terrasse noch einen Platz ergattert. Das Lokal ist eines er ältesten Speiselokale am Ort und vor allem wegen seiner delikaten und bezahlbaren Fischgerichte sehr beliebt. Ein Besuch lohnt sich!
An der Flaniermeile zum Strand

In Tonkrügen bleibt der Inhalt frisch

Treffs

Der beliebteste Tagestreff ist die Cafeteria Sa Volta direkt im Zentrum an der Hauptstraße. In den bequemen Korbstühlen sitzt man ausgezeichnet und kann so die Flanierenden mit Genuss studieren. Oder man setzt sich, um ein paar Sonnenstrahlen mehr zu ergattern, schräg gegenüber in die bequemen Stühle des Voramar und schaut dem hektischen Treiben auf der Straße und in den Läden zu. Nach dem Abendessen geht es dann an die Promenade, wo es ab 20 Uhr recht lebhaft zugeht. Wer selbst zum Schlendern zu faul ist, setzt sich auf das kleine Steinmäuerchen und unterhält sich mit einem der Standbetreiber des Flohmarktes. Verpassen kann man auf diese Weise nichts. Die meisten Vorübergehenden bekommt man hier mindestens zweimal zu Gesicht.

Nachtleben

Die Ausgehmeile Carrer d'Espardell ist leicht zu finden. Einfach die kurze Strandpromenade entlang und in die Seitengasse rein. Nach ein paar Schritten gibt's rechterhand ein Geschäft mit herrlichem arabischen Zeug. Der Chef bemüht sich redlich und versucht bei viel zu lauter Musik ein paar spitzige Hausschuhe los zu werden. Kein Interesse, zuviel Glitzer drauf und schon macht er ein grimmiges Gesicht. Aber was für ein grimmiges! Nichts wie raus hier. Und da kommt auch schon rechts ein noch viel schöneres, arabisches Geschäft mit freundlichen Damen drin und den schönsten Tüchern weit und breit. Herrliche, edle Stoffe, allerdings ziemlich teuer. Mitten auf dem Weg spielen zwei Leute Tischtennis, daneben ein Stehtisch mit zwei Weißweingläsern. Jetzt wird's Zeit für einen kleinen Snack, den man am besten bei „Art Pizza" holt, einem gemütlichen Café ein paar Schritte weiter. Hier gibt's den besten Pfirsichsaft aller Zeiten und die mit Abstand leckerste Schinkenpizza auf die Hand. Neben der Kopie von dem berühmten Bild „Der Schrei" (oder ist es gar keine Kopie, wurde doch erst kürzlich wieder irgendwo geraubt) werkelt die hübsche Kellnerin an der Espressomaschine. Vier Euro fünfzig für ein tolles Abendmahl! Links daneben gleich eine Apotheke für die Aspirin, die man nach dem Besuch der Tango-Bar braucht. An Stehtischen drängen sich Damen und Herren älteren Semesters und begießen die Lust am Leben mit reichlich Weiß- und Rotwein. Um die Ecke eine riesige Leinwand für Sportsfreunde, die auch in den Ferien nicht auf Formel 1 verzichten können. Wenn man Pech hat, findet zur schönsten Bundesligazeit ein Stierkampf statt. Da muss man durch! Und so ein Stier auf Großleinwand hat schließlich auch was. Und nicht zu vergessen die berühmte Tennis-Bar, die im Sommer Live-Musik bietet und Kontaktsuchende im dichten Gedränge eng zusammen rücken lässt.

Die Wege sind ja nicht weit und darum kann man zwischendurch einen Abstecher ins Hard-Rock-Café machen. Von dort aus geht's dann wieder Richtung Amüsiermeile, die zum Meer führt, wo man sich im „Cojoten" den einen oder anderen Dring genehmigt. Einsame Herzen, die bis dahin immer noch keine Kommunikation hatten, können einen finalen Versuch in der Disco Magoo wagen. Denn hierher führt der letzte aller Wege ab Mitternacht. Dieser nicht gerade große Tanzschuppen ist sozusagen die Endstation Sehnsucht. Wer hier zu später Stunde auftaucht, hat woanders Pech gehabt, ist schon furchtbar betrunken oder hat vor, sich den Rest zu geben. Was durchaus eine teure Angelegenheit werden kann, also aufgepasst! Auf dem Weg nach San Fernando gibt's noch eine Disco, das Tipic. Hier tanzt man unter freiem Himmel – auch nicht schlecht! Im Folgenden noch mal die wichtigsten Spots:

Tennis Bar

Mitten in Es Pujols und umgeben von anderen, sehr touristischen und für manche Geschmäcker ein bisschen zu deutsch anmutenden Kneipen befindet sich die Bar-Legende des Ortes. Dort treffen sich abends all jene, die nicht allein sein möchten, aber auch nicht immer auf der Mauer von Pepes Fonda sitzen wollen. Trotz der dröhnenden Musik kommen zu späterer Stunde nette Gespräche zustande und überhaupt ist die Atmosphäre recht gemütlich. Wem die Leute zu alt und die Musik zu altmodisch ist, geht am besten ins

Riman Blue

Riman Blue, das ist derzeit – vor allem beim jüngeren Publikum – die angesagteste Music-Bar in Es Pujols (ein paar hundert Meter von der zentralen Kreuzung an der Straße Richtung Sant Ferran!)

ZicZac

Nicht zu verfehlen: Der lauteste Sound auf der Insel weist den Weg! Abgetanzt wird bis drei Uhr morgens. Carrer Punta Prima

Disco Magoo

An den Wochenenden ist hier am meisten los, selbst dann, wenn in anderen Läden schon die Stühle hochgestellt werden. Sobald man den Keller betritt, befindet man sich in einem metallenen Mini-Disco-Paradies mit einer sympathisch langen Theke. An den Drinks gibt's nichts auszusetzen und auch die Preise sind für Discoverhältnisse in Ordnung.

Flower Power

In der ältesten Disco der Insel ist – wenn überhaupt – etwa ab Mitternacht etwas los. Richtig voll scheint es hier nie zu werden, was allerdings das Tanzen sehr angenehm macht. Der Vorteil der Disco, die bis vor kurzem Tipic hieß, ist ohne Frage die Tanzfläche unterm Sternenhimmel.
Bei Es Pujols in Richtung San Fernando.

Frühstückstipp:

Was gibt es schöneres, als morgens an die Strandpromenade zum Frühstücken zu schlendern? Schwarzbrotfreunde kommen hier natürlich nicht auf ihre Kosten und auch mit perfekten Baguettes haben die Spanier ja bekanntermaßen ihre Schwierigkeiten. Aber wie immer gibt es Ausnahmen. Ein echter Tipp ist das Espardell, das sich direkt an der Strandpromenade befindet. Von hieraus hat man den schönsten Blick auf das türkisblaue Meer und genießt herrliche Kuchen und feinstes Gebäck. Die Tasse Milchkaffee gibt's für ein Euro vierzig.

Bade-Tipp für Verliebte:

Wer ein einsames Plätzchen am Strand sucht, sollte den Strand in Es Pujols ganz bis ans rechte Ende entlang laufen. Hinter Geröll und Steinen versteckt, findet man hier noch eine Mini-Oase auf weißem Sand. Wenn man Glück hat, kann man in dem von außen nicht einsehbaren Versteck ein paar ungestörte Stunden verbringen. Und wer früh dran ist, bleibt meist alleine dort. Badeschlappen nicht vergessen und als Zugang zum Meer besser den Sandstrand wählen. Schon gar nicht hineinspringen, die Felsen sind äußerst scharfkantig!

Wassersport

Um das Ferienzentrum Es Pujols haben sich die Windsurfer und Parasailer versammelt. Im Ort oder direkt am Strand gibt es Surfstationen, die alle möglichen Bretter verleihen und Kurse geben. Der Wind in der Bucht von Es Pujols kommt meist aus Südost und ist auch für Anfänger gut zu fahren. Richtig Spaß macht das Parasailing, das ebenfalls am Strand von Es Pujols angeboten wird. Leider ein recht teures Vergnügen und sicher nichts für jeden Tag.

Das sympathisch geführte Wassersportzentrum wet4fun befindet sich am nordwestlichen Ortsrand. Hier gibt's so ziemlich alles, was das Wassersportlerherz begehrt. Unter anderem auch Segel- und Katamaran-Kurse. Weitere Infos unter www.wet4fun.com, Tel. 971/322042

Feste:

Am 16. Juli wird das Fest der Schutzheiligen der Seeleute und Fischer gefeiert (Mare de Déu del Carme). Wer zu dieser Zeit am Ort ist, kann die Bootsprozession miterleben

Service

Verkehrsmittel:

Busse

Busse verkehren zu den wichtigsten Punkten der Insel zur Hauptsaison außer sonntags ungefähr jede Stunde.

Taxi

Standplatz direkt an der Hauptkreuzung, Tel. 971/328016

Mietfahrzeuge

Agustin, Tel. 971/328060

Autos Isla Blanca, Tel. 971/328826

Internet-Zugang

C@fe Formentera, Carrer Espalmador 98–84, an der Zufahrtsstraße von La Savina kommend, 971/328806, www.cafeformentera.com

Inselrundfahrten

Finden zur Saison um 15 und 16 Uhr statt und kosten acht Euro.

El Pilar

El Pilar liegt auf der Hochebene La Mola, einem Kalkgestein, dessen höchste Erhebung 192 Meter erreicht. Wer zum Leuchtturm möchte, passiert die kleine Ortschaft, die nur aus wenigen Häusern, einer Handvoll Geschäften und der Kirche Nostra Senyora del Pilar besteht. Das Gotteshaus, 1784 im schlichten Stil einer ibizenkischen Kirche erbaut, bildet den Mittelpunkt des beschaulichen Ortes. Die Kirchenglocke hat schon mehr von der Welt gesehen als so mancher Einheimische. Sie bimmelte einst an einem Frachter aus Rotterdam und ruft heute die Gläubigen zur Messe. Nach dem Sonntagsgottesdienst treffen sich die Einheimischen in einem Nebenraum der Kirche zum Spielen. Selbstverständlich an getrennten Tischen!

Außer ein paar Läden und zwei, drei Gaststätten ist ansonsten nicht viel los in El Pilar. Es sei denn, es ist Sonntag oder Mittwochnachmittag. Dann bevölkern die Touristen das kleine Örtchen, um sich bei den Kunsthandwerkern umzuschauen, die ihre Ware an ihren bunten Ständen feilbieten. Selbst wer nichts kaufen möchte, sollte sich den Markt einmal zu Gemüte führen, denn zur Hochsaison gibt's mitunter Jongleure und Messerwerfer auf dem berühmten Hippiemarkt und wenn man Glück hat, auch ein paar Musiker. Ein Besuch lohnt sich in jedem Fall.

Von den 1000 Einwohnern, die auf der Mola leben, ist nicht viel zu sehen. Sie residieren weit verstreut und meist sehr einsam auf dem Land, das hier um einiges fruchtbarer ist als sonst auf Formentera. Auf den durch Steinmäuerchen abgetrennten Feldern wachsen Obstbäume und Weinreben und auch Gemüse und Getreide wird angebaut. Mittendrin die Schafe und Ziegen, die sich die wilden Kräuter schmecken lassen. Wer Schafskäse liebt, sollte sich den berühmten Formenteraner Käse nicht entgehen lassen, den man auch in El Pilar kaufen kann. Außerdem gibt es hier die nicht weniger berühmten, handgestrickten Pullover und Schals zu kaufen. Zum Beispiel in dem wirklich originellen Laden bei Mercedes.

Ein beliebtes Fotomotiv ist das Haus des im Jahre 1999 verstorbenen

Keramikkünstlers Gabrielet. Dieser Mann war eine echte Kultfigur, wie sie nur auf Formentera und in anderen liebenswerten Landstrichen der Welt möglich ist. Grauer Rauschebart, dichte Locken, eine altmodische Brille – so werkelte der Künstler viele Jahren in seiner originellen Werkstatt. Er war ein Genie in Ton, Stein und Farben. Das Licht auf der Hochebene hatte es ihm angetan, ebenso wie die einmalige Ruhe. Immer mal wieder blieb früher jemand bei ihm hängen, um später mit den gereiften Erfahrungen des töpfernden Denkers von La Mola wieder von dannen zu ziehen. Selten sah man Gabrielet an anderen Orten der Insel. Er war am liebsten in seiner Werkstatt, bei seinen unzähligen Katzen.

Unterkunft/Essen

Pequeña Isla

Die einzige Unterkunft und somit der bescheidene Monopolist in El Pilar ist das „Pequeña Isla". Geboten werden sechs einfache und bezahlbare Zimmer und ein gleichnamiges, sehr beliebtes Restaurant. Unbedingt probieren: „frito de cordero"! (Freilaufendes und wilde Kräuter verspeisendes Insel-Lamm mit Kartoffeln, Knoblauch und Paprika)
Carretera la Mola bei km 16,7, ganzjährig geöffnet,
Hostal: Tel. 971/327013, Restaurant: Tel. 971/327068

Bar Taberna Can Blaiet

Direkt im Zentrum des Geschehens und trotzdem nicht sofort zu finden. Günstige Taverne mit leckeren Speisen und zugleich Postannahmestelle des Ortes.
Wo: Einheimische fragen oder sich bei der Bank La Caixa umschauen!

Fans leckerer Teilchen, Pizzen und eben alles, was gut ist und dick macht, sitzen vor dem Café des „Il Chiottone" (am Ortsausgang von El Pilar Richtung Leuchtturm auf der linken Seite). Die Leckereien sind nicht gerade billig und darum in doppelter Hinsicht eine Sünde wert. Für Raucher gibt's nebenan ein Tabak-Geschäft mit einem umfangreichen Sortiment.

Mirador

Keine Frage – ein Besuch des Mirador ist Pflicht. Es liegt auf halber Strecke zwischen Es Caló und dem Hochplateau. Im Laufe seines Urlaubs kommt man mindestens einmal daran vorbei und legt in der Regel zumindest einen Fotostopp hier oben ein. Ansonsten besitzt das Restaurant – zumindest tagsüber, wenn's nur um den Blick geht – die ziemlich laute und stressige Atmosphäre eines Ausflugslokals. Wie gesagt: Für eine Erfrischung gut geeignet und für einen Snack wie z.B. die „Ensalada de Bescuit". Zum Essen geht man eher woanders hin, zum Beispiel ins „Pequena Isla".

Carretera a El Pilar bei km 14,3, Tel. 971/327037

Feste:

Festa de Sant Juan: 24. Juni. Die beste Gelegenheit, ein paar Einheimische kennen zu lernen, die an diesem Tag aus allen Teilen der Insel heranströmen, um sich das große Sonnwendfeuer nicht entgehen zu lassen. Richtig schön ist das Fest am 12. Oktober, das der Schutzpatronin des Ortes geweiht ist und gleichzeitig die Schweineschlacht-Zeit einläutet. Schon am Nachmittag wird neben der Kirche die Bühne für die Musiker aufgebaut und überall herrscht rege Betriebsamkeit. Die große Touristensaison ist zu dieser Zeit schon vorbei und man atmet ein wenig Insider-Atmosphäre und genießt die Feierfreudigkeit der Einheimischen und Residenten.

Hippiemärkte
Von echten Künstlern und nervösen Hunden

Was wäre eine echte Hippie-Insel ohne ihren bunten Hippie-Markt? Wo schöne, sonnengebräunte Blumenmädchen ihre selbst gehäkelten Bikinis und gebatikten Tücher feilbieten und muskulöse Rastajungs mit glasigem Träumerblick Silberkettchen aus Indien und filigrane Holzpfeifchen verkaufen. Das ganze zu Love-and-Peace-Musik und einem beseelten Lächeln gratis dazu! Ach wie schön die Fantasie und wie hart die Wirklichkeit! Er wird ja immer wieder gepriesen, dieser Hippiemarkt, der nun schon seit mehreren Jahrzehnten jeden sommerlichen Sonntag hier stattfindet. Aber von der tollen Stimmung, die angeblich hier herrschen soll, ist nicht viel zu spüren. Zumindest nicht am Nachmittag, da ist man vielleicht einfach noch zu nüchtern. Gleich am Eingang, rechterhand des herrlichen Bodenmosaiks steht der Maler Firefox an der Leinwand und zelebriert introvertierte Betriebsamkeit. Man spürt, dass sich die Leute nicht so recht an den bunt-behüteten Paradiesvogel herantrauen. Verstohlen ziehen sie ihre Digital-Kameras aus der Tasche und schießen aus der Hüfte. Haben wohl Angst, dass der gefiederte Hüne sie gleich anspringt. Dabei will der doch nur leben und seine Bilder verkaufen, die übrigens gar nicht teuer sind und schön gerahmt so manches deutsche Eichen-Wohnzimmer aufheitern könnten. Auf die Frage, ob ihm das Geknipse nicht auf die Nerven geht, murmelt er nur in seinen Bart: „Manche sind cool und bringen ein Bierchen an. Das ist schon o.k." Gleich links beim Eingang steht ein älteres Hippie-Mädchen, das die Hüften zu Salsa-Musik kreisen lässt und als einzige auf dem Markt einen fröhlichen Eindruck macht. Sie verkauft selbst gestrickte Mützen und Socken und man fragt sich, ob die Dame nicht auf einem arktischen Hippiemarkt besser aufgehoben wäre. Genau wie die Frau mit den handgewebten Mohair-Schals, das Stück zu hundert Euro. Die sind aber so schön, dass man auf jeden Fall einen nimmt, und sei der Winter noch so weit! Verhandeln lässt die Wollkünstlerin nicht mit sich, beim Preis hört die Freundschaft auf, das ist doch klar. Dann weiter links um die Ecke ein kleiner Silberschmuck-verkäufer mit bloßem Oberkörper. Endlich! Jemand, der original aus dem Hippiemarkt-Traum kommt: durchtrainiert, gebräunt und mit schneeweißen Zähnen im Dreitagebart. Aber da blitzt irgend etwas Unwilliges in seinen dunklen Augen auf. Man hat sich erlaubt, dem Künstler eine die Kunst betreffende Frage zu stellen. Sichtlich angeödet wendet er sich ab. Tschuldigung, wohl mit dem linken Fuß aufgestanden …

Zum Glück geht der Tag und die Stimmung kommt. Zunächst in Gestalt eines feurigen Mannes mit pechschwarzen Haaren, der seine Ente in den Markt gefahren hat, aus deren Lautsprecher jetzt Gitarrenmusik schallt. Sieht aus, als gäbe es zudem einen phänomenalen Sonnenuntergang. Wir kommen der Fantasie also doch noch ein Stück näher. Hat man das gesehen: Er wiegt sogar die Hüften, spielt Luftgitarre und schert sich gar nicht um die Leute. Was für ein Mann, scheint ein echter Hippie zu sein!

Von irgendwoher kommt so ein leckerer süßlicher Geruch herüber geschwebt. Pfui, nicht doch! Es handelt sich um köstliche Crepes, mit und ohne Schokolade. Aber die Eierpampe steht nun bestimmt schon den ganzen Tag in der Hitze und die Salmonellen lieben das. Ob das gut geht? Aber die Hippies müssen's schließlich wissen, nur nicht so ete petete sein! Wie gut der hauchdünne Pfannkuchen schmeckt, so gut, dass man am besten noch gleich einen hinter her wirft. Ein paar Schritte weiter verkauft eine freundliche Dame aus den Niederlanden selbst gebastelte Karten, die sind so schön und fast rührend, dass man gleich zehn Stück nimmt. Die nächsten Geburtstagskinder werden sich freuen! Schräg gegenüber gibt's Nicki-Pullover, in allen möglichen und unmöglichen Formen und Farben. Der Clou ist, dass sie schon jetzt so ausgeleiert und gebraucht aussehen, dass man sich zu Hause nicht ärgert, wenn sie so aus der Waschmaschine kommen. Überhaupt ist es doch immer wieder ein Phänomen, was Leute auf Urlaubsmärkten so alles kaufen. Gehäkelte Mützen in Jamaika-Farben, riesige Ringe aus Plastik, komische Holz-Figuren und Mini-Aquarelle, die zu Hause beim Eingang neben dem Gästeklo hängen. Am Ende bleibt eine Handvoll Erinnerungen und Souvenirs aus einem Leben voller Reisen und jede Menge Krimskrams und Schmuck, den man kein einziges Mal getragen hat. Aber so ist das eben in den Ferien: Schließlich sitzen die Moneten ein wenig lockerer als sonst und so lange man nicht mit einer Formentera-Eidechse als Ganzkörper-Tattoo nach Hause kommt …

Wir schlendern weiter und kommen an einen Stand mit langen Wickelröcken aus Leinen zu siebzig Euro das Stück. Die sind wirklich schön und eigentlich das optimale Mitbringsel für die daheimgebliebene Schwester, Mutter oder Freundin. Wenn die nur nicht so teuer wären, aber bei zweien könnte man doch mal über den Preis … ach nein? gar nicht? nichts zu machen? Dann Verzeihung, ja ist ja gut, kommt nie wieder vor, ich weiß schon … wir sind doch hier nicht am Jahrmarkt. Auf Wiedersehen. Mit eingezogenem Kopf geht es weiter in den hintersten Winkel des Marktes. Ein paar deutschsprechende Frauen hinter einem Stand mit Silberschmuck – ein Lächeln auf den blondgerahmten Gesichtern. Was für eine Wohltat! Vor lauter Glück gleich einen Ring gekauft! Die Schmuckstücke stecken auf schwarzen Knetgummi-Kugeln, die man für sonst was halten könnte.

Die Damen und Herren haben es übrigens in mehreren Bereichen zu einer großen Kunstfertigkeit gebracht und eigentlich kriegt man immer etwas auf dem Markt und sei es nur ein Aschenbecher mit glitzernden Glasscherben-Türkisen oder Keramikteller. Die herumlaufenden Hunden wirken etwas nervös, sie rennen um die Stände herum, als seien sie die Besitzer und müssten kontrollieren, ob die Geschäfte laufen.

Ein schöner und interessanter Markt-Bummel-Tag geht zu Ende. Zeit, sich auf einen Kaffee oder ein Bierchen am nahe gelegenen Bistro niederzulassen und das Treiben aus sicherer Entfernung weiter zu beobachten. Die dunkelhaarige Verkäuferin ist eine Augenweide mit ihrem schönen Lächeln – so macht das Leben Spaß. Ach und sooo schlimm war es nun auch nicht auf dem Hippiemarkt. Zwar sind die Leute in ihren bunten Kleidern und den Peace-Zeichen um den Hals die härtesten Geschäftsleute, die man je getroffen hat, und selbst die Hunde wirken hyperaktiv und alles andere als relaxed und easy peacy, aber schließlich hat uns das ja auch niemand versprochen. Und wenn es das nächste Mal anders ist als bei unserem Besuch – umso besser!

Richtig schön ist übrigens der abendliche Markt an der Strandpromenade von Es Pujols. Sobald die Sonne untergeht, stellen die Händler ihre Stände auf und die Promenade verwandelt sich in eine gemütliche Einkaufsstraße voller verlockender Souvenirs und fröhlicher Touristen. Anfangs war es ausschließlich ein Markt für Kunst-Handwerk, aber heute werden alle möglichen Gegenstände dort verkauft: Modeschmuck, echtes Schmuckdesign, Lederwaren, Kleidung, Keramik, Geschenkartikel usw. Und über dem ganzen Treiben der Mond und die Sterne über dem schwarzen Meer – eine tolle Atmosphäre!

Sehenswürdigkeiten
Leuchtturm/Jules Verne Tafel

Ob Jules Verne selbst auf der Insel weilte, ist ungewiss. Da seine Beschreibung des Plateaus von La Mola aber doch sehr genau ist, scheint es wahrscheinlich. Als durch Kometeneinwirkung ein Teil der Erde in das All geschleudert wird und dort ein paar Menschen ums Überleben kämpfen, sitzt auf dem Plateau von La Mola ein Astrologe, der den Kontakt mit den Sternen sucht und Berechnungen über den Flug des neuen Planeten anstellt. So ist über Jules Verne Formentera in die Weltliteratur eingegangen und aus Dankbarkeit hat die Kulturbehörde am Leuchtturm La Mola eine Gedenktafel für ihn aufstellen lassen. Der Leuchtturm selbst, noch

heute in Betrieb und auch von Leuchtturmwärtern besetzt, dient nach wie vor der Warnung vor den Klippen rund um die Hochebene. Wer den Abstieg versuchen will, sollte kräftige Schuhe anhaben und unbedingt schwindelfrei sein. Der Pfad in südlicher Richtung führt zur Höhle „Cova de Séglesia" mit bizarren Steinformationen. Eine kleine Cala (Codolar) kann von Fischerbooten angelaufen werden. Die Bar direkt am Leuchtturm erfrischt hungrige Wanderer oder Radfahrer. Außerdem schmeckt nach einer langen Tour nichts besser als frischer Ziegenkäse mit Oliven, und das zu günstigen Preisen.

Sa Talaiassa
Ein Aussichtspunkt und gleichzeitig die höchste Erhebung der Insel. Kurz hinter km 15 der Inselstraße, noch vor El Pilar, biegt ein Geröllweg ab. Nur mit Geländefahrzeugen oder zu Fuß (ca. 1000 Meter langer Aufstieg) erreicht man Talaiassa.

Klosterruinen
Nur für ganz versessene Nostalgiker lohnt der Weg zu den Ruinen des Klosters Santa María del Pilar. Augustinermönche waren es, die zwei Kilometer nördlich des heutigen El Pilar eine Klosteranlage errichteten. Davon sind nur Fragmente übrig geblieben. Die Dorfkirche in El Pilar ist noch heute so benannt.

In den unzugänglichen Steilklippen der Mola befinden sich einige verwunschene und sagenumwobene Höhlen. Manche kann man vom Boot aus sogar sehen. Wer sich für die Sagen über die Höhlen von Formentera interessiert, sollte „Die Teufelskinder" von Joachim Hartenstein lesen. Hier ein Beispiel für eine besonders berühmte Höhle:

Höhle Cueva de la Mano Peluda
Seltsamer Name für eine Höhle, möchte man denken: „Grotte der felligen Hand". Der Legende zufolge lebte hier einst ein alter maurischer Pirat, der – verlassen von den Kumpanen und kurz vor dem Verhungern – über die Insel streifte. Auf der Suche nach etwas Essbarem fand er eine tote Ziege.

Voller Freude verspeiste er sie und bezog schließlich die Höhle, an deren Eingang er das Fell seiner Lebensretterin befestigte. Bald ging das Gerücht um, die Höhle würde von einer felligen Hand bewacht. Kein Mensch traute sich mehr in die Nähe der mysteriösen Höhle. Ein Glück für den Mann, denn die Insulaner waren nicht besonders gut auf Piraten zu sprechen.

Wanderung nach La Mola

Eine Wanderung zur Hochebene von La Mola beginnt man am besten unten in Es Caló. Zwei Möglichkeiten stehen zur Auswahl: Entweder man wandert, solange es geht, die Küste entlang und muss später etwas steiler aufsteigen, oder man hält sich an die Straße, die in Serpentinen immer höher steigt. Wer den Pfad nimmt, und das sei empfohlen, wird durch wunderbare Blicke auf das Meer, durch Wegstrecken im Wacholderwald mit herrlichem Duft und Rosmarinsträuchern entschädigt. Beim Ferienclub Mar y Land, der rechter Hand an der Küste liegt, kann man eine Erfrischungspause am Swimmingpool oder im Restaurant einlegen. Die Hochebene selbst ist landschaftlich sehr reizvoll. Hinter Steinmauern, welche gegen den Wind schützen, entdeckt man immer wieder Fincas mit idyllischen Gärtchen. Mit etwas Glück kann man manchmal auch einen Blick auf eine alte Frau in typischer Tracht erhaschen, die im Schatten vor ihrer Haustür die Ruhe der Insel genießt. In El Pilar kann man bis zum Leuchtturm Far de la Mola wandern und hat dann von der Steilküste aus einen herrlichen Blick. Alte Schmugglerwege führen halsbrecherisch hinunter zum Meer. Des öfteren sieht man am Rande der Klippen junge Leute sitzen, die sich nach der Wanderung mit einem Joint belohnen. Man kann kaum hinsehen, wie sie ihre Beine über dem steilen Abgrund baumeln lassen. Dass noch keiner auf die Idee gekommen ist, das Gelände abzusperren, scheint niemanden besonders zu wundern. Kleine Kinder jedenfalls sind in Leuchtturm-Nähe unbedingt an die Hand zu nehmen!

In früheren Zeiten waren die Steilklippen Schauplatz eines gefährlichen und blutigen Männlichkeitsrituals: Junge Burschen, die ihren Mut unter Beweis stellen wollten, ließen sich an einem Seil die Klippen hinab und raubten brütende Vögel oder bereits ausgewachsene Junge aus den Felslöchern. Weil die Vögel nicht freiwillig mit gingen und die tapferen Recken das Seil nicht aus den Händen lassen wollten, mussten diese ihre Beute á la Ossi Ozbourne mit einem schnellen Biss in den Hals zur Strecke bringen. Später wurden die Tiere mit den Zeugen der Mutprobe gebraten und verspeist. Fast immer waren es die Nester der mittlerweile geschützten Sturmtaucherart Virots, die dran glauben mussten, daher auch die Bezeichnung für das Ritual „virotar". Irgendwann wurde die brandgefährliche Mutprobe dann verboten. Ob zum Schutz der jungen Männer oder zugunsten des Vogelschutzes weiß heute niemand mehr zu sagen.

Es Caló de Sant Agustí

Wer am Abend seine Ruhe haben möchte und nichts mit dem feucht-fröhlichen Nachtleben von Es Pujols am Hut hat, wird sich in der winzigen Siedlung „Es Caló" niederlassen. Das Örtchen bietet als einzige Attraktion den malerischen Fischerhafen mit seinen inseltypischen Bootshütten aus Holz. Obwohl sich mittlerweile eine Handvoll Geschäfte und Unterkünfte hier angesiedelt hat, verläuft der Alltag der Menschen immer noch in traditionellen Bahnen. Viele der ansässigen Männer fahren immer noch jeden Morgen zum Fischen aufs Meer und die Frauen brutzeln am Herd jene Gerichte, die schon ihre Großmütter auf gleiche Weise hergestellt haben. Ein bisschen ist es, als wäre die Zeit stehen geblieben. Zur Hauptsaison sind tagsüber eine Menge Touristen unterwegs, viele beginnen von hier aus den Marsch oder die Radtour Richtung Hochebene La Mola. Die wenigen Besucher, die in Es Caló ihr Nachtquartier aufschlagen, schätzen die Ruhe und Beschaulichkeit des Ortes. Man schläft lange, begibt sich dann zu den kleinen Sandbuchten der Platja de Tramuntana und genießt am Abend frischen Fisch unter freiem Himmel auf der Terrasse eines Restaurants.

Es Caló

Unterkünfte/Essen und Trinken

Restaurante Pascual
Echter Geheimtipp, siehe Lieblingsrestaurants Seite 46

Hostal und Restaurant Rafalet
Das einfache Restaurant am Hafen bietet einen fantastischen Meerblick, frischen Fisch und fünfzehn einfache und gepflegte Zimmer. Während die Räume im modernen Gebäudeteil mehr Komfort bieten, punkten die älteren Gemäuer mit einer herrlichen Aussicht. Wer die Wahl hat, lässt sich am besten beide Varianten zeigen. Für Radfahrer, die auf ihrer Inseldurchquerung in Es Caló einen Zwischenstopp einlegen, ist eine Erfrischung auf der Terrasse schon beinahe Pflicht. Aber bitte etwas bestellen! Die Stühle besetzen, nur um ein paar Fotos zu schießen, wo gibt's denn so was. Bald kommt eine junge Frau, die herum wedelt, als wollte sie Fliegen vertreiben. Tel. 971/327016

Appartements Gaviota
Die Ferienanlage befindet sich direkt am Meer und wer Glück hat und in den oberen Stockwerken unterkommt, kann sich über eine herrliche Aussicht freuen. Der Sandstrand befindet sich etwa 800 Meter vom Haus entfernt, direkt um die Ecke gibt es einen Supermarkt und noch näher eine Bushaltestelle. Und die braucht man auch, denn Es Caló ist eher beschaulich und liegt etwas abseits des Touristen-Rummels. Klar, dass Bett und Klamotten durch die Meeresnähe feucht werden können, aber die tolle Aussicht macht's wieder wett. Die Appartements können wahlweise mit Halbpension gebucht werden (in der Pension Entrepinos).

Casa Huéspedes Miramar
Wunderbar altmodisches, einfaches und darum recht preiswertes Quartier mit acht Zimmern.
Am besten schläft man in den Räumen, die nach hinten rausgehen. WC am Gang, Bad im Hof. Wer einen typischen Formentera-Pullover kaufen möchte, fragt am besten bei den Eigentümern der Pension nach!
An der Hauptstraße, Tel. 971/327060

Hostal Entre Pinos

Fünf Geh-Minuten von Es Caló entfernt befindet sich das Hotel „zwischen den Pinien" und leider auch an der Straße. Etliche Stammkunden schwärmen von dem freundlich geführten Haus und kommen jedes Jahr wieder. Sämtliche Zimmer verfügen über Bad, Ventilator und Telefon. Zum Strand sind es etwa 10 Minuten zu Fuß, wer einen Roller oder ein Rad mieten will, geht einfach nur über die Straße. Geboten wird Halbpension mit Frühstück.
Carretera La Mola, Tel. 971/327019, Fax 971/327018

Taberna Acapulco

Ein beliebter Treff der Einheimischen, die zwischendurch gerne mal Pasta oder Holzofen-Pizza nach echt italienischer Machart essen möchten. Restaurant und Music-Bar in einem, ganzjährig geöffnet.
Ctra. la Mola bei km 12,7

Sehenswert

Castellum Romanum

Unweit von Es Caló findet man die Grundmauern einer römischen Befestigungsanlage. Der Grundriss des Kastells mit seinen fünf charakteristischen Ecktürmen ist noch gut zu erkennen. Ansonsten sind die Ausgrabungen eher spärlich. So kommt man hin:
Etwa zwei Kilometer Richung Sant Ferran, dann etwa bei km 10 dem rechts abzweigenden Feldweg nach Can Blai folgen.

Bei Es Caló befindet sich auch die schmalste Stelle der Insel: In nicht einmal 2000 Schritten kann man von einem Ufer zum anderen marschieren. Auch die an der Südseite des schmalen Landstrichs gelegenen Feriensiedlungen der Hotelanlage La Mola und des Clubs Mar y Land müssen zu Es Caló gezählt werden. (Siehe Strände Seite 140/141)

La Savina

Das erste, was die Inselgäste von Formentera zu sehen bekommen, ist das kleine, aber feine Hafenstädtchen La Savina. Statt der importierten Palmen müsste eigentlich phönizischer Wacholder die Neuankömmlinge begrüßen, denn nach ihnen ist der Hafen schließlich benannt. Aber die schönen Palmen in Kombination mit den schicken, weißen Sport- und Segelbooten haben schließlich genau das richtige mediterrane Flair, um die Besucher in fröhliche Urlaubslaune zu versetzen. In früheren Zeiten, eigentlich bis Mitte der Achtziger, als auf Formentera noch Salz gewonnen wurde, sah es hier ganz anders aus. Wo heute ausschließlich Menschen und Gepäckstücke auf die Fähre warten, waren es früher die Exportgüter Salz, Holz und Bruchsteine, die zur Verladung bereit standen. Ein paar Fischernetze trockneten in der Sonne und der Hafen war nichts weiter als eine Natursteinmole, nicht zu vergleichen mit dem heutigen, properen Hafen samt Hafenmeisterei und neuem Yachthafen.

Neben ein paar netten Cafés, Hostals und Souvernirgeschäften gibt es hier mehrere Verleiher von fahrbaren Untersätzen. Wer sich also ein Rad, Moped oder gar ein Auto mieten möchte, hat hier die beste Auswahl. Auch einige nette Hotels und Pensionen gibt's hier, doch eher selten quartieren sich die Ankömmlinge gleich in der winzigen Hafensiedlung ein. Die meisten zieht es weiter an die herrlichen Strände und echte Formentera-Fans können es kaum erwarten, ins türkisfarbene Wasser zu springen. Immerhin ist die Insel vor allem für die Schönheit ihrer Strände berühmt, warum sollte man dann seine Zeit am Hafen verbringen. Außerdem soll es im Hochsommer hier nur so wimmeln von Mücken, die von den nahe gelegenen Salzseen herüberschwirren. Einzig interessant an dem kleinen Örtchen ist das Treiben am Hafen, das man gut von einem der Cafés beobachten kann. Man trifft so ziemlich jede Sorte Mensch in La Savina an. In den Bars unterhalten sich freakige Habenichtse mit fröhlichen Yachtbesitzern und auch so mancher Einheimische lässt sich gerne hier blicken. Schließlich hat Hafenatmosphäre von jeher etwas Anziehendes und wo schürt und stillt man seine Sehnsucht besser als in einer Hafenkneipe. Beliebter Treffpunkt bis drei Uhr morgens: Gecko's Café an der Marina. Lebhaft geht's auch – aber nur während der Saison – im Casa Paco am Hafen zu.

La Savina hat kaum mehr als 300 Einwohner und ist durch einen Naturhafen begünstigt. Ein kleiner, aber gepflegter Strand befindet sich direkt im Ort gegenüber dem Hafengebiet. Zu La Savina gehören die Lagunen Estany des Peix und Estany Pudent. Um diese herum befinden sich die einst berühmten und einträglichen Salinen, aus denen heute mangels Rentabilität allerdings kein Salz mehr gewonnen wird.

Information: O.I.T. Municipal Formentera, beim Fähranleger, Tel. 971/322057, geöffnet von Mo.–Fr. 10–14 und 17–19 Uhr, am Samstag von 10–14 Uhr.

Unterkünfte
Hostal La Savina
Kaum zu glauben, dass dieses altehrwürdige Hostal in dieser Lage und mit der guten Ausstattung immer noch so preiswert ist. Direkt am Salzsee Estany des Peix (die Zimmer mit Seeblick sind etwas teurer als die anderen zur Straße raus). Beliebtes Restaurant und Internetzugang vorhanden. Av. Mediterránea 22–40, Tel. 971/322279.

Bahía
Direkt an der Mini-Flaniermeile befindet sich dieses freundlich geführte und kürzlich erst renovierte Hostal. Das dazugehörige Café eignet sich besonders gut zum Peoplewatching und Frühstücken. Die Preise pro Doppelzimmer liegen je nach Saison zwischen 50 und 85 Euro. Av. Mediterránea, Tel./Fax 971/322142, hostalbahia@interbook.net

Hostal Bellavista

Beliebtes Hotel mit Restaurant. Die Zimmer sind recht groß und gepflegt. Die Ausstattung könnte unterschiedlicher kaum sein. Genauso wie die Preise, die enorm variieren. Am besten lässt man sich ein paar Räume zeigen, im Grunde ist für jeden Geldbeutel etwas dabei. *Tipp:* Besser nicht nach hinten raus schlafen, könnte laut werden!
Port de la Savina, Tel. 971/322255

Tipp:

Wer gute Tapas zu gutem Wein liebt, sollte ins Rincón Gallego gehen! Und den seltenen Fisch namens Raós könnte man mit viel Glück in den Restaurants Bahía oder Bella Vista kriegen. Selbst wenn er nicht auf der Karte steht – einfach nachfragen!

Essen und Trinken

Sa Sequi

Ein besseres Restaurant zur Sonnenuntergangs-Zeit kann man sich kaum wünschen. Ruhig gelegen etwas fernab der Straße und mit tollem Blick auf das Meer. Geboten werden stets frische Fische und spanische Spezialitäten. Die Preise bewegen sich im Mittelfeld: Für eine Paella für zwei bezahlt man etwa dreißig Euro. Das Preis-Leistungs-Verhältnis stimmt – ein echter Geheimtipp!
Zwischen der Bar Big Sur und dem Hafen Savina am Ende des sandigen Fahrradweges

Es Molí de Sal

Das traumhaft gelegene, etwas entfernte Restaurants ist eines der teuersten der Insel und befindet sich in der ehemaligen, heute restaurierten Salzmühle am Illetas-Strand. Die Spezialitäten sind eingelegte Fische nach traditioneller Machart und Langostinos.

Service

Fahrräder und Mopeds

In der Hafenstadt ist es besonders wichtig, schnell mobil zu sein. Entlang der Dorfstraße gibt es mehrere Vermieter, die alle gepflegte Räder zu gleichen Preisen anbieten. Es empfiehlt sich allerdings, nach der Ankunft zunächst per Taxi und Bus das Hotel aufzusuchen und von dort aus auf die Suche nach einem fahrbaren Untersatz zu gehen. Schließlich haben manche Hotels selbst Räder und bieten diese für Gäste zu besonders günstigen Konditionen an. Hier einige Autovermietungen: Autos Formentera, Tel. 971/322031, Moto Rent La Savina, Tel. 971/322275

Schiffsverbindungen

Siehe Ibiza-Formentera, Seite 22

Ausflugsboote

Die „Barca Bahía" pendelt zur Hauptsaison mindestens dreimal täglich vom Hafen über den Illetes-Strand am Kiosk El Ministre zur Insel Espalmador.

Taxi

Standplatz am Hafen, Tel. 971/322002

Sport

Blue Adventure, Tauchschule, Carrer Almadrava 67–71, Tel. 971/321168 (bietet auch Ausflüge mit einem Segelschiff, sehr zu empfehlen!) www.blue-adventure.com.
Tauchbasis „Diving Center Vellmarí", Av. Mediterráneo 90, Tel. 971/322105, www.vellmari.com

Fiesta:

Zwei Festtage, die gerade in den Sommer fallen, sollten sich Besucher, die um diese Zeit auf Formentera weilen, nicht entgehen lassen:

Johannisfeuer mit Fiesta, Rummel und Schönheitsköniginnen-Wahl am 24. Juni. Die ganze Insel strömt dann nach La Savina, wo Volkstänze und typische Trachten zu sehen sind.

Virgen del Carmen, am 16. Juli, das Fischerfest, das in ganz Spanien in Fischereihäfen gefeiert wird. In La Savina gibt es eine kleine Bootsprozession zu Ehren der Heiligen. Der Pfarrer segnet die neuen Fischerboote. Alle Boote sind deshalb schön hergerichtet. Ein guter Tag für Hobbyfotografen.

Reisetagebuch   *Von Rolf Lüke*

Der Bremer Unternehmensberater Rolf Lüke kommt seit 1984 regelmäßig nach Formentera. Im September 1999 ertrank seine Schwester Beate, als sie vergeblich versuchte, einer jungen Frau bei gefährlichen Strömungen an der Playa de Mitjorn das Leben zu retten.

Anstatt der Insel den Rücken zu kehren, gründete er die Organisation Blausand.de (www.blausand.de), die sich seitdem um die Sicherheit an Formenteras Stränden verdient gemacht hat. Für den Unterwegs Verlag hat Lüke schon einmal seine Eindrücke in einem Tagebuch geschildert. Wir haben um Aktualisierung gebeten und hier ist sie:
Formentera
September 2004, fünf Jahre später

Seelenverkäufer im Paradies

„Nixe" heißt die neue Errungenschaft der Balearia. Ein Riesendampfer, der sich aber in die schrottige Armada der schwimmenden Seelenverkäufer nahtlos einreiht. Wir lassen sie links liegen und kaufen Tickets für ein schnelles Schiff. Wenn du ankommst, willst du sofort auf die Insel, wenn du weggehst, kann es länger dauern.

18. September 2004, 5 Jahre danach

Kein Tag wie jeder andere am Arenals-Strand von Formentera. Auf den Tag genau fünf Jahre ist es her, als Beate und Corinna hier den Tod fanden. Die Sonne aus farbigem Zement setzt ein Zeichen für das Leben. Als wir ankommen, legen wir rote Rosen an die Sonne. Auch andere gehen zu dem Symbol für die Ertrunkenen auf Formentera. Erklären ihren Kids, warum es hier eine Sonne gibt. Wir sind nicht die einzigen, die wissen, welche Tragödie sich hier vor fünf Jahren abgespielt hat. Wie ein Film läuft alles ab, was sich damals hier ereignete. „Behind Blue Eyes" – aus den Piratabus-Boxen erreicht uns leise eine Hymne aus der Vergangenheit.

VIP-Tisch in der Kultkneipe

Abends essen wir in der Fonda Pepe. Der lange Tisch am Eingang ist inzwischen zu einer Art VIP-Tisch avanciert. Dirk, ein sympathischer Inselveteran, verteilt generös die Plätze an der Tafel. Andere müssen bis zu einer Stunde oder länger auf freie Tische warten. Illustre oder weniger wichtige Leute sitzen hier. Immendorfs Bodyguard, Gauweilers Bruder. Hängen Gebliebene, die was zu erzählen haben, Möchtegernaussteiger, die mit dem Kopf schütteln, wenn sie die alten Geschichten von der Trauminsel hören. Atze hat sich im friesischen Ostrhauderfehn das Rauchen abgewöhnen wollen. „Alles Unsinn", sagt er. Trotzdem rührt er seit sechs Wochen keine Zigarette mehr an. Freitag will er auf dem Kirchplatz Musik machen.

Riesenbusse am Kamener Kreuz

Später, vor dem Eingang, knutschen ältere Milano- und Siena-Kids um die Wette. Die neue Fußgängerzone sorgt dafür, dass sie nicht von Rollern gestört werden. Sehr viel später, auf der berühmten Fondamauer, wird jemand eine so riesige Tüte präparieren, dass die halbe Mauerbelegschaft mitrauchen will. Nina Hagen hat immer noch Lokalverbot in der Fonda, warum, weiß keiner ganz genau. Aber Sex & Drugs & Rock'n'Roll sind immer weniger ein Thema. Die Kinder der Altfreaks sind relativ brav geworden. Vor dem Geldautomaten der Caixa steht Guildo Horn, zieht sich ne Ladung Euro und schlurft zum Auto zurück.

Am „Kamener Kreuz", vor der „Bar Vedera", sitzen am nächsten Mittag bleichgesichtige Düsseldorfer in der zweiten Reihe und bestellen San Miguel und Osbourne im Wechsel, Hauptsache, das Glas ist nicht leer. Riesenbusse, fast haushoch, nehmen dir die Sicht.

Oben Helm, unten nackte Haut

Roller, manchmal auch eine echte Harley, selten ein nostalgisches Moped, drehen auf in Richtung Strand. Oben Helm, ohne kostet richtig Geld, unten nackte Haut. Hier fällst du viel besser auf als auf Mallorca. „Ich dachte immer", lallt Wilhelm aus Düsseldorf-Eller in Richtung Urlaubs-begleiterin, „Spanien ist mehr katholisch." Zu diesem neuen Thema hat keiner was zu sagen. Wilhelms Begleitung trägt ganz Formentera am Körper: Die Insel auf Metall am Ohr, Formentera T-Shirt, 2 Broschen mit viel zu großen Geckos. Irgendwann zahlt einer 24 Osbourne, „wenn es sein muss."

Je mehr Strand zu sehen ist, um so astronomischer die Preise. Den Vogel schießt das „Es Ministre" ab, die letzte Ess- und Trinktankstelle auf dem Weg Richtung Espalmador. Die Klientel kommt eher von der Wasserseite. Fast unbezahlbare, ordinäre Spaghetti und Eissalat werden lieblos auf die Teller geworfen. „Das kann", ereifert sich ein Inselfreund, „doch diesem Frank Farian auch nicht gefallen."

Manchmal schon in Deutschland, spätestens auf Ibiza, haben sich viele mit dem Umsatzrenner der Saison versorgt: Kühltaschen, die sind schwerer als Strandmatten, aber für manche Geldbeutel ein Muss. Der Urlaub ist schon teuer genug. Die Roller allein kosten schon ein Vermögen, für nur wenige Euro mehr kannst du ein Inselauto bezahlen – „die Prämien fressen dich auf", sagt der Vermieter.

Hühnersuppe, Jägermeister

In der Bar „Mar i vent" am Inselhafen lesen 9 Deutsche 6 BILD-Zeitungen. Sarah Connors Schwester liebt Pekka Lagerblom. Als alle weg sing, stellt die Bedienung die zurück gelassenen akkurat zusammengefalteten Blätter wieder in den Zeitungsständer. Auf der anderen Seite des Hafens gleitet das türkisfarbene Katamaran-Ungetüm der Balearia an den Anleger, 1000 passen drauf, 10 Leute steigen aus.

Beim deutschen Bäcker in Es Pujols bestellt man vorzugsweise Hühner- oder auch Gulaschsuppe. Da gibt es reichlich was in die Schüssel und reicht für zwei. Für manche Inselfreunde gibt's einen Jägermeister dazu oder auch drei – eine rustikale Kombination.

Kunstwerk aus Blech, aussterbende Trinkhallen

Niklaus Schmid erwartet uns und schaut ungläubig auf unsere Fahrräder, die vom Aussterben bedroht sind. Sein Buch „Formentera – eine Insel auf

Rolf Lüke

dem Weg zur Legende" ist inzwischen 10 Jahre alt und nicht mehr lieferbar. Wir kennen keinen, der schon hier war und der es nicht hat.

Vielleicht gibt es bald Nachschub. Warten wir es ab.

Niklaus berichtet vom Buch „Mehr Morde am Hellweg", auch er hat eine seiner Kriminalgeschichten in dieser Anthologie veröffentlicht, in Deutschland ein Bestseller. Das Fahrrad von Niklaus Schmid steht seit einem Vierteljahrhundert am Haus, selbstgebaut, nie wieder bewegt, ein Kunstwerk aus Blech.

Auch die Strandbuden auf Formentera sind vom Aussterben bedroht. Fermin, die Trinkhalle auf der anderen Inselseite am Levante-Strand, gehört schon zu den Opfern. Nicht nur an der Strandbudenlegende „Piratabus" suchen manche vergeblich ein Dixiklo und verschwinden heimlich und naserümpfend in den naturgeschützten Dünen. „Aber", denkt der voraus schauende Inselfreund, „die Klos kosten ja Geld. Die schaufeln sich hier alle ihr eigenes Grab und nachher machen sie lange Gesichter. Aber dann haben sie ja längst ausgesorgt."

Kilómetre 11, Brettspiele

Der Sonnenuntergang kommt näher. Die Musik wird besser. Am Piratabus sitzen Familien und spielen Schach. Zwei kahlköpfige Männer mit Lonsdale-Klamotten sind pünktlich zum Sonnenuntergang eingetroffen, die mir auch dann suspekt sind, wenn ich sie am schönsten Ort der Welt treffe. „Sie sind aber ganz nett", sagt ein Inselkenner fast entschuldigend. Vicente, der in seiner freien Zeit seine uralte Mutter pflegt und die Gläser einsammelt, wird von Jahr zu Jahr krummer, der Rücken. Männer und Frauen tragen schwarze Pirata-Shirts mit genauer Ortsbezeichnung „Kilómetre 11". „Nachher", warnt der Inselfreund, „gehen sie mit den schwarzen Klamotten auf der falschen Straßenseite nach Hause und werden umgenietet."

Lars von Felsen, Moderator vom Inselradio Mallorca ruft an, möchte ein Interview. Wie sieht es mit der Strandsicherheit auf Mallorca aus? Nicht so toll. Allein auf Mallorcas Deutschlands beliebtester Ferieninsel, ertrinken jedes Jahr zwischen 50 und 70 Menschen. Vor allem Männer, Senioren. Oft dann, wenn sie vollgedröhnt sind. Oft am ersten Urlaubstag. Solange – wie kürzlich im ARD-Wirtschaftsmagazin „plusminus" berichtet – selbst ein großer deutscher Reiseveranstalter die Gefahr in einer übervollen und gefährlichen Bucht auf Mallorca mit vielen Opfern öffentlich verharmlost, ist es noch ein langer Weg für mehr Sicherheit an den Badestränden.

Socorristas und Siesta

Aber auch hier auf Formentera, 200 Kilometer von Mallorca entfernt, steht es keineswegs zum Besten. Flaggen sind Mangelware, und die Siesta der Socorristas dauert Stunden. Die Beobachtungstürme sind fast immer leer. Vielleicht macht der Erfolg am Ende der Saison nachlässig: Auf Formentera ist bis Mitte September 2004 noch kein einziger Mensch ertrunken, das hat es hier seit Menschengedenken nicht mehr gegeben. Aber die gefährlichen Wochen sind noch nicht zu Ende, auch im Oktober, wenn die spanischen Bademeister längst wieder auf dem Festland sind, lädt das warme Wasser zum Schwimmen ein, während sich die Wetterverhältnisse verschlechtern und die unsichtbaren Unterströmungen noch intensiver werden.

Höschenfraktion mit weißen Streifen

Wir fahren am vorletzten Tag unseres kurzen Formenterabesuchs zur „Cala Saona", einer kleinen und vor wenigen Jahren noch ruhigen Inselbucht. Hier gibt es inzwischen italienische Verhältnisse in Reinkultur, hier fliegt die versammelte Höschenfraktion komplett mit weißen Streifen nach Milano oder Roma zurück. Wenn hier überhaupt jemand nackt ist, kommt er sich wahrscheinlich vor wie ein Exhibitionist. Und wenn es nicht sein müsste, dürfte man hier nicht mal ins Wasser pinkeln.

„Nach uns die Sintflut"

Nach der formenterensischen Einheitsmuschel musst du lange suchen. Der Meeresspiegel steigt langsam, aber sicher, die Küsten brechen von Jahr zu Jahr mehr weg. Daran können auch die EU-finanzierten Dünen-schutztreppen kaum etwas ändern. Trotzdem: Formentera führt mit aller Kraft einen leider ziemlich aussichtslosen Kampf gegen die globalen Umweltsünden. „Glaubst Du", fragt Wilhelm seine Begleiterin, „dass wir das noch erleben?" Die hat die passende Antwort parat: „Nach uns die Sintflut."

Salzsee und keine Flamingos

Auf dem Rückweg von Illetas vermissen wir die Flamingos am Salzsee. Warum sind sie weg? Gehört Beton nicht mehr ins Naturschutzgebiet? Man weiß ja nie, besonders hier nicht. Nein, sagt Schoppi der Inselkünstler, jemand hat sie zerstört, zuletzt waren es noch sieben, früher mal über zwanzig, jetzt reicht es. Zerstört? Die Natur? Nein, der Mensch war es.

Schoppi ist einer der produktivsten Menschen der Insel. Man muss schon in seine kleine Galerie gehen, wenn man ihn sehen will. Es gibt Betonfische, Betonsonnen, von denen jetzt eine das Grab einer kürzlich gestorbenen Frau auf dem Friedhof von San Francisco schmückt, nicht mal eine Sondergenehmigung war nötig. „Sie war meine Sonne", hat ihr zurück gebliebener Mann gesagt. Auf dem Boden der Galerie von Schoppi steht noch immer der Schweinehund. Wenn es ein innerer wäre, würden wir ihn mitnehmen.

Manfred Breuckmann und Miro Klose

Der letzte Tag. Wir wollen erst spät abends zurückfliegen. In Deutschland ist Fußballsamstag. Ich liege in spannender Erwartung an der Platja Migjorn und warte auf die Stimme von Manfred Breuckmann, auf Manni, den Sportreporter aus Köln. Warte auf die Konferenzschaltung. Manni hat in den letzten Jahren schon so viele Werder-Fußballnachrichten durch den Äther auf die Insel geschickt. Aber jetzt sitzt er im Bochumer Ruhrstadion, tief im Westen, und schweigt.

Ich dreh mich durch die Kurzwelle, was ist los? Statt dessen muss ich mir die Deutsche Welle, Nölfunk für den Rest der Welt, reinziehen, wo Annegret Gattermann, 76 Jahre alt, aus dem australischen Melbourne den Mitschülern aus Diepholz liebe Grüße zum Klassentreffen übermittelt. Manni Breuckmann, wo bleibt Deine Ansage?
Ich denke an Miroslav Klose, der – genau an dieser Stelle – auf dem kleinen Fernseher bei LUCKY, während der Weltmeisterschaft vor einigen Jahren vier der acht Tore reingemacht hat. Por favor, El Miro! Der Weltempfänger und die Wellen rauschen um die Wette. Ich halte den Sony noch weiter in den formenterensischen Blauhimmel, da kommt ganz leise aus dem Äther ganz weit entfernt, kaum zu verstehen, die Stimme von Manni aus dem Revier, direkt aus dem Bochumer Ruhrstadion: Klose 2:1, Klose 3:1, Klose 4:1. 3 Tore in 19 Minuten. Hattrick am Strand. Sogar die Wellen freuen sich. Manni und Miro, Ihr seid Fußballgötter!!!

Der Traum ist nie vorbei
Ansonsten ist hier alles so wie immer. Der Traum wird nie zu Ende sein. Das Paradies wird immer bestehen – trotz allem, was hier passiert ist. Europäische Karibik im Mittelmeer. Ulli hat endlich den realen Vermieter von Bob Dylan ausfindig gemacht und aus den kleinen Boxen vom Restaurante Levante tönt leise „On the beach". Genau hier in diesem kleinen Paradies hat Chris Rea dieses Lied für uns Inselfreaks geschrieben. Aber das ist schon länger her.

Die Traumstrände

Die meisten Urlauber sind überrascht, sobald sie die Strände Formenteras erblicken. So außergewöhnlich schöne Meerblicke nach nur knapp zwei Stunden Flugzeit hätte kaum jemand erwartet. Der Ozean schimmert in allen Farben und an manchen Tagen ist das Türkis des Wassers so intensiv, dass man meinen könnte, versehentlich in der Karibik oder im Indischen Ozean gelandet zu sein. Dazu ein helles, überirdisches Licht und der weiße, feine Sand. Wer nur aufgrund der weißen Strände und des herrlichen Wassers in tropische Gefilde fliegt, braucht dies künftig nicht mehr zu tun. Abgesehen von den Palmen hat Formentera alles an Strand-Schönheit zu bieten, was dieser Planet überhaupt her gibt. Der mit Abstand schönste Strand ist der fast sieben Kilometer lange Migjorn-Strand. Seine Weitläufigkeit erlaubt es den Besuchern selbst in der Hauptsaison, ein ruhiges Plätzchen zu finden.

Mal ehrlich. Länger als zwei Stunden am Strand hält es in der Regel kein vernünftiger Mensch aus, da können die Strandschönheiten noch so schön und die Lektüre noch so aufregend sein: Irgendwann wird's zu heiß oder zu eintönig und man packt seine sieben Sachen und zieht weiter. Nicht so an den Stränden Formenteras! Denn die eigentlichen Institutionen, die einen Strand erst so richtig legendär machen, sind seine Bars. Auf dieser Insel gibt es gleich mehrere, für die sich die Reise allein schon lohnen würde. Keine ist wie die andere und jede zeichnet sich durch andere Qualitäten aus: die Musik, die Lage, der Ausblick und die Originalität des Wirts und der Bedienungen. Fast immer findet man nach wenigen Tagen seine Lieblings-Bar, in der man ganze Nachmittage vertrödelt. Manchmal im Gespräch vertieft und oft nur sinnierend aufs Meer blickend und den Klängen der Musik und des Meeres lauschend. Wer unweit der Bars auf seinem frottierten Zeitquadrat liegt, hat eigentlich keine Chance, der Anziehung der herüberwehenden Geräusche zu entkommen. Da hört man Lachen, Gesprächsfetzen, das Klappern der Würfelbecher und das

Scheppern der Eiswürfel im Cocktail-Shaker. Im Nu findet man sich selbst als Teil der Bar-Kultur wieder, sitzt am Tresen und genießt das Strandleben so, wie es sein soll: in netter Gesellschaft, mit eisgekühlten Getränken und ausreichend Schutz vor der Sonne.

Playa de Mitjorn

Die Playa de Mitjorn ist mit ihren fast sieben Kilometern der längste und auch schönste Strand der Insel. Von San Fernando aus fährt man noch etwa einen Kilometer in Richtung Es Caló und biegt dann nach rechts ab. Unten am Meer trifft man genau auf das Zentrum des Strandes, wo sich auch das Hotel Formentera Playa befindet. Nicht erschrecken, denn hier begegnet man natürlich dem typischen Trubel eines belebten Strandes.

Geht man dann weiter Richtung Es Caló, wird es immer ruhiger und einsamer, bis man nach einiger Zeit an den östlich anschließenden Strand Es Arenals gelangt, wo einige legendäre und weltweit bekannte Bars zu finden sind. Hier tummelt sich in der Regel auch „die Szene". Gemeint ist ein Mischmasch aus Residenten, Abenteurern und echten Freaks und Freaks auf Zeit. Im Wasser tummeln sich braun gebrannte Nackte aus der ganzen Welt, manche spielen Beach-Ball und einige andere sehen dem Treiben von einer der gemütlichen Strandbars aus zu. Auf keinen Fall versäumen sollte man einen Besuch der Blue Bar oder des Pirata-Bus.

Wer den Strand noch verträumt und den Morgen frisch und jung erleben möchte, sollte schon am frühen Morgen einen Strandspaziergang machen. Der weiße Sand gehört einem fast alleine, nur einige Fischer sind zu dieser Zeit unterwegs. Sie tragen ihren Fang in die Strandrestaurants und sind gern bereit, Touristen gegen einen kleinen Obolus mit aufs Meer zu nehmen. Was für die Fischer der alltägliche Broterwerb ist, wird für andere zum spektakulären und unvergesslichen Erlebnis.

Achtung!

An der Playa de Mitjorn herrschen manchmal gefährliche Unterströmungen. Bei roter Flagge deshalb auf keinen Fall ins Wasser gehen!

Um die Schönheit der Strände zu erhalten, wurden sie vor einigen Jahren unter Naturschutz gestellt. Manche Strandabschnitte sind seitdem nur noch an ausgewählten Stellen begehbar. Außerdem wurden hölzerne Wege auf Pfosten rund herum angelegt, so dass die Touristen nicht mehr die Strandvegetation zerstören können. Viele haben sich darüber beschwert, weil sie sich dadurch in ihrem freien Strandleben eingeschränkt fühlen. Das ist aber nur bedingt richtig und außerdem ist auch so noch genügend Platz. Ein bisschen Verständnis schadet nicht, denn schließlich sollen die schönsten Strände des Mittelmeeres ihren Ruf behalten.

Ein weiterer kleiner Nachteil ergibt sich dadurch, dass es keine parallel hinter dem Strand verlaufende Straßenverbindung gibt. Mit dem Fahrzeug ist der Strand nur über Stichstraßen und holprige Sandpisten zu erreichen. Diese zweigen alle von der Inselhauptstraße oder dem Camí Vell de la Mola ab und enden am Strand. Wer einen guten Überblick gewinnen möchte, macht am besten ausgedehnte Strandspaziergänge. Nachtwanderern, die in der Dunkelheit auf den Stichstraßen unterwegs sind, sollten stets genügend Licht dabei haben. Das gilt im übrigen für ganz Formentera. Manchmal sehen die Strände aus wie unsere Straßen am St.-Martins-Tag. Es handelt sich dabei um Fußgänger, die mit ihrer Taschenlampe bewaffnet, vorsichtig die Schlagloch-Wege bewältigen.

Es Mal Pas

So heißt eine kleine Feriensiedlung am westlichen Zipfel der Platja de Migjorn. Man erreicht sie kurz hinter Sant Francesc über eine Abzweigung der Straße von Sant Francesc zum Cap de Barbária. Aufgrund der ruhigen Lage ist dieses Gebiet besonders bei Familien mit Kindern recht beliebt. Fahrräder und Mopeds kann man sich hier ausleihen – und die braucht man auch!

Übernachten/Essen

Hostal Casbah

Größere Apartmentanlage, besonders beliebt bei Pauschalurlaubern. Die 32 Zimmer und Apartments verteilen sich auf einige frisch renovierte und hübsch verwinkelte Häuser-Reihen. Es gibt zwei Bars, einen geheizten Pool und einen Fahrzeugverleih. Mittleres Preissegment, günstig zur Nebensaison. Geöffnet von Mai bis Oktober, Tel. 971/322051

Bungalows Casa Amarilla

Die Anlage liegt etwa 400 Meter von der Platja de Migjorn entfernt in einem Pinienwald. Wer einen gepflegten und liebevoll eingerichteten Bungalow sucht, ist hier genau richtig. Das Personal unter deutscher Leitung ist außerordentlich freundlich und auch Kinder sind hier gerne gesehen. In unmittelbarer Nähe befinden sich einige Restaurants und ein Supermarkt. Um die schönen Strände Formenteras zu erreichen, braucht man allerdings unbedingt einen fahrbaren Untersatz. In der Hauptstadt ist man mit dem Rad in etwa zwanzig Minuten. Es Mal Pas, Platja de Migjorn, Tel. und Fax 971/328614, ganzjährig geöffnet

Restaurant Sol y Luna

Günstiges Restaurant hinter dem Strand unweit des Wachtturms. Guter Service und familiäres Ambiete.
Anzufahren über eine Seitenpiste des „Camí Vell de la Mola".

Es Ca Marí

Hier ist schon entschieden mehr los als in Es Mal Pas. Die weitläufige Siedlung besteht nur aus Hotels, Apartments, Restaurants und Fahrzeugvermietern. Man kommt hierher, indem man an der Inselhauptstraße bei etwa 6,7 km abzweigt. Auch Busse fahren vier bis fünf mal täglich.

Der Strand wird regelmäßig gepflegt und besitzt auch sonst alle Infrastruktur. Wer hier seine Zeit verbringt, hat Gelegenheit zu Spaziergängen unter Pinienbäumen, zu Strandläufen und zu Begegnungen in den offenen Restaurants.

Unterkünfte/Speisen
Ca Marí
Große, kinderfreundliche Anlage mit insgesamt 89 gepflegten und gut ausgestatteten Zimmern, Pool, Restaurant, Supermarkt usw. Bis zum Migjorn-Strand sind es gerade mal 100 Meter und nach San Fernando fährt man etwa 15 Minuten mit dem Rad. Geboten wird Halbpension mit Frühstück und Abendessen in Buffetform. Viele Stammgäste und freundliches Personal. Zur Anlage gehören die Hostals „Aqua Clara" und „Sol y Mar". Doppelzimmer je nach Saison zwischen 50 Euro und 100 Euro. Geöffnet von Mai bis Oktober, Tel. 971/328180, Fax 971/328229, www.guiaformentera.com/camari

Hostal/Restaurant Costa Azul
Günstige, direkt am Strand gelegene Pension mit beliebtem Restaurant. Die Besitzer fahren noch selbst zum Fischen raus und wissen, diese zuzubereiten. Rechtzeitig buchen – im Programm einiger Reiseveranstalter! Einziger Kritikpunkt: Etwas hellhörig, also nix für einsame Singles! Tel. 971/328024, Fax 971/328994

Hotel Club Formentera Playa

Schönes Hotel direkt am Strand und im östlichen Teil der Siedlung mit mehr als 300 Betten, mehreren Pools, einem Hallenbad, Kinderanimation, Tennis- und Wassersportmöglichkeiten. Die Zimmer sind teilweise sehr teuer, aber besitzen eben auch jeden erdenklichen Komfort. Sie sind alle mit Klimaanlage, TV und Balkon oder Terrasse ausgestattet. Oft kommt man günstiger, wenn man über einen Reiseveranstalter bucht.
Geöffnet April bis Ende Oktober, Tel. 971/328000, Fax 971/328035, www.insotel.com.

Sun Splash

Originelle Bar. Caipi-Freunde lassen sich von Denise einen mixen – oder zwei oder drei.

Auto/Roller

Autos Ca Marí, Tel. 971/328191

Essen und Trinken

Pirata Bus

Wurde ja schon bei den Tipps Seite 76 ausgiebig gelobt. Sowohl die Stimmung als auch der Ausblick sind nicht zu übertreffen. Bestens geeignet für den abendlichen Sundowner oder eine relaxte Backgammon-Partie am Nachmittag. Seinen Kultstatus verdankt die Bar ihrem ursprünglichen Dasein als provisorisch umfunkionierte Bus. Heute ist der Kiosk fest installiert – die Piratenflagge weht immer noch. Bei km 11 rechts zum Migjorn-Strand runter, unweit der Blue Bar

Blue Bar

Bildet mit dem Pirata-Bus und der Fonda Pepe das legendäre Bar-Dreieck auf Formentera. Ist natürlich gemein, weil es mittlerweile viele andere, sicher genauso originelle Strand-Kioske gibt! Aber so ist das eben mit den Legenden und immerhin ist die Blue Bar ein echtes Relikt aus der Hippie-Zeit. Angeblich sollen hier schon Pink Floyd und Bob Dylan abgefeiert

Typische Bauweise für Stadthäuser

haben. Soviel zum Thema Kult! Anfang der Neunziger gab es eine große Flaute, doch unter deutscher Leitung wurde die Blue Bar schnell wieder zum Sunset-Treff schlechthin. Die Speisekarte ist bunt gemischt und auch Vegetarier werden etwas finden. Am Nachmittag werden die Getränke-Spezialitäten des Tages bekannt gegeben. Ganz easy-peasy hippielike kann man hier mit sämtlichen Kreditkarten bezahlen. Schließlich weiß man nie, wie lange die Nacht dauert. Bei km 8, Platja de Migjorn, Tel. 971/187011, täglich von 12 bis 4 Uhr

La Fragata

Warum denn immer Fisch, wenn man auch leckere Kaninchen oder gebratene Leber haben kann. Oder halt, vielleicht doch wieder Fisch? Schließlich liegen die in der Kühlvitrine und man kann sie sich aussuchen. Wenn man Glück hat, wurde gerade ein Drachenkopf gefangen (nicht ganz billig, aber sagenhaft!). Unbezahlbar natürlich die Aussicht und die freundliche Bewirtung. Das „Bierchen danach" nimmt man im Parata-Bus ein, der sich ein paar hundert Meter weiter befindet. Bei km 11,5 von der

Hauptstraße abbiegen (an dem großen Tor mit dem Hinweis „Hostal Santi", dann links bergab, Platja de Migjorn, Tel. 971/187595, täglich geöffnet: Mai–Ende Oktober

La Tortuga (siehe unsere Lieblingsrestaurants Seite 46)

Las Banderas

Ohne Zweifel eines der schönsten, fantasievollsten und besten Restaurants auf Formentera. Das ganze Lokal plus Lounge mit gemütlichem Sofa könnte einem Märchen aus Tausendundeiner Nacht entsprungen sein: Bunte Mosaike, arabische Lampen und Tischdecken, alles mit großer Liebe zum Detail! Hier kann man getrost einen ganzen Nachmittag vertrödeln, zwischendurch mal ins Meer springen und ein paar Cocktails zu Chillout-Musik schlürfen. Seinen größten Zauber allerdings besitzt das Lokal am Abend, wenn die bunten Lampen angehen – großes Kompliment an den Besitzer! Und ein kleiner Tipp am Rande: Wie wäre es demnächst mit einem Zigarettenautomaten? Wo Sie doch selbst rauchen und wissen, wie das ist, wenn weit und breit nichts zu kriegen ist.
Playa de Mitjorn, Tel. 609577417, einsam am Strand gelegen und nur über eine holprige Stichstraße zu erreichen (unweit der legendären Blue Bar). Auch Bungalows werden hier vermietet: tresbanderas@terra.es

La Formenterana

Die Spezialität des gemütlichen und preiswerten Restaurants ist das Salzhuhn. Unbedingt probieren!
Platja de Mitjorn, direkt am Strand, bei km 9, Tel. 971/328753, täglich 13.00–15.30 Uhr und 19.00–24 Uhr

Sa Platgeta

Lange war dieses Restaurant mit seinem sagenhaften Meerblick DER Geheimtipp schlechthin. Sicherlich lag das auch daran, dass es praktisch unauffindbar war. Das preiswerte Essen endet meist mit einem kostenlosen Hierbas – eine nette und leider vielerorts vergessene Geste des Hauses. Noch immer ist es nicht einfach, hin zu kommen, aber so müsste es gehen:

Wenn man vom Ca Marí kommt, geht's etwa 500 Meter direkt über den Strand, vorbei am Sun Splash und der Badehinweisflagge. Rechterhand taucht dann das Restaurant auf.

Unterkünfte

Santi

Freundliches und bezahlbares Familienhostal im westlichen Teil des Strandes. Ab und zu finden hier kleine Popkonzerte statt. Individualreisende müssen frühzeitig buchen, da die 36 Zimmer im Programm mehrerer Reiseveranstalter sind.

Platja de Migjorn bei km 11, Tel. 971/328375, Fax 971/328937

Hostal Maysi

Recht günstiges, nettes Hostal, das man am besten über Neckermann bucht. Die Atmosphäre ist ein bisschen „weg von der Welt". Beliebtes Ziel aller möglichen Freaks und schon deshalb sympathisch anders. Bis zum Strand sind es nur wenige Schritte, in der Nähe kann man Surfbretter leihen. Wen es hierher verschlägt, der braucht echte Lust zur Ruhe. Und vor allem ein Fahrrad.

Zum Maysi muss man links von der Inselstraße abbiegen in Höhe des Wegweisers „Es Arenals" an der Playa de Mitjorn, Tel. 971/328547

Club Mar y Land

Eine weitläufige Ferienanlage mit Miniclub, Kinderanimation, Kinderbecken, Spielplatz und Babysitterdienst. Der Himmel also für Familien mit Kindern und möglicherweise die Hölle für ruhesuchende Paare ohne Anhang. Während die Kinder in guten Händen ihren Spaß haben, können die Erwachsenen in der Zwischenzeit Tennis, Tischtennis oder Boccia spielen oder sich am herrlichen Migjorn-Strand herumtreiben. Manche lieben ja das so genannte „Cocooning" und bewegen sich im Urlaub keinen Meter außerhalb der Hotelanlage. Für jene ist dieses Hotel genau das richtige. Neben zwei Restaurants gleich vier Pools und zwei Bars. Sämtliche Bungalows sind mit Satelliten-TV, Küche und Terrasse

ausgestattet. Angeboten werden außerdem sämtliche Wassersportmöglichkeiten.
Platja de Migjorn bei km 12, Tel. 971/327070, Fax 971/327145

Hotel La Mola
Unterhalb des gleichnamigen Leuchtturms, direkt am feinsandigen, von
Felsen unterbrochenen Mitjorn-Strand befindet sich die Anlage La Mola
mit 347 Zimmern und 66 Bungalows. Das riesige Hotel ist ein Mittelding
zwischen Sport-Club und Clubhotel und mit vier Sternen die am höchsten
dekorierte Anlage auf Formentera. Mit Recht, denn die Iberotel-Kette, die
dieses Hotel betreibt, garantiert dem Gast höchsten Komfort. Vom
Frühstücksbuffet bis zu den großzügigen, dem Meer zugewandten
Zimmern. Um das Hotel hat sich mittlerweile eine kleine Infrastruktur
gebildet (Kneipen, Boutiquen, Kioske, Auto- bzw. Rollerverleiher). Für
Wassersportfreunde gibt's Kurse für Windsurfing (die beste Schule der
Insel), Segeln und Tauchen. Mit seinem Animationsprogramm ist das La
Mola auch optimal für Familien mit Kindern. Wer einen günstigen
Pauschal-Urlaub buchen möchte, wendet sich am besten an die TUI.
Ansonsten variieren die Preise je nach Ausstattung.
Platja Arenals, Tel. und Fax 971/327000

Sportmöglichkeiten:

Wer im Urlaub nicht auf sein tägliches Sportprogramm verzichten
möchte, sollte sich in einem der Clubhotels einmieten. Vor allem die
großen Anlagen wie das „Mar y Land" und das „La Mola" bieten
alle erdenklichen Möglichkeiten. Im „La Mola" gibt es eine
deutschsprachige Tauchschule, die auch Kurse für Anfänger und
Fortgeschrittene anbietet. Tel. 971/327725, Fax 971/327428,
www.tauchen-lamola.com

Teuer, aber fantastisch: Die Kuchen in Es Caló

FKK

Anhänger der freien Körperkultur (FKK) – wer hat nur diese schlimme Bezeichnung erfunden? – trifft man auf fast allen Stränden Formenteras an. Überall sieht man nackte Haut im Sande liegen: Schön, glatt und geschmeidig, gepierct, tätowiert, geölt und gerötet, behaart und rasiert, mit weißen Bikinistreifen drauf oder nahtlos gebräunt, alt und ledern, sommergesprosst, von Sonne und Wind gegerbt, herabhängend, herumschwingend, den Schlafenden genauso gehörend wie den Lesenden und Herumtollenden. „Freiheit für die Nackedeis" ist die Devise und was der Reiz des Nacktbadens auch immer ist: Nicht jeder will, wenn er von seiner Lektüre aufblickt, in die Körperöffnungen seiner Mitmenschen blicken. Kein Witz, es gibt sie tatsächlich: Menschen, die mit gespreizten Beinen offenkundig nichts zu verbergen haben. Repräsentative Umfragen haben ergeben, dass sich selbst eingefleischte Helmut-Newton-Fans und Praline-Leser nicht immer an den zur Schau gestellten Adamskostümen erfreuen können. Aber was soll's! Schließlich sind wir hier im Hippie-Land und ein Minimum an Schambewältigungsbereitschaft kann man da doch wohl verlangen – oder etwa nicht? Und wenn die gläubigen alten Damen nach dem Kirchgang in ihren schwarzen Gewändern am Strand vorbeischlendern, kann man sich ja immer noch schnell ein Buch drüberlegen oder eine Zigarettenschachtel, ein Feuerzeug, eine Muschel ...

Playa Tramontana

Kurz vor Es Caló beginnt auf der gegenüberliegenden Seite der Insel die Platja de Tramontana oder auch Ses Platgetes genannt, was soviel wie „die kleinen Strände" bedeutet. Dieser Strand mit seinen vielen Felsen und den kleinen, versteckten Sandbuchten ist ein echter Geheimtipp für Schnorchler und Leute, die Ruhe und Abgeschiedenheit suchen. Weil es am ganzen Strand gerade mal einen kleinen Kiosk gibt, sollte man sich vor dem Besuch des Strandes ordentlich eindecken. Sobald die Dämmerung eintritt, pilgern Einheimische und jüngere Urlauber hierher, um überm Lagerfeuer Fische zu grillen und Musik zu machen. Romantischer geht es nicht.

Cala des Pujols

Gut geschützte Badebucht mit perfekter Infrastruktur. Hier gibt es so ziemlich alles, was einen Strandtag perfekt macht: bequeme Liegestühle, Tretboote, Surfbretter, Parasailing und Restaurants. Der Sand wird jeden Tag gereinigt und immer wieder neu aufgeschüttet. Zur Hochsaison kann es recht eng werden, dann sind eine Menge Familien mit Kindern unterwegs. Die Kleinen bauen ihre Sandburgen und versuchen, die winzigen Fische zu fangen, die es hier oft in Schwärmen gibt. An ein ungestörtes Nickerchen im weißen Sand ist kaum zu denken. Allerdings kann man hier auch schnell Bekanntschaften schließen.

Sa Roqueta oder Platja de Ses Canyes

Formentera-Liebhaber kennen den Strand noch als „Desirée-Strand". Benannt nach einer Holländerin, die dort einst eine Strand-Bar betrieb. Heute ist die abgeschiedene Strandsiedlung immer noch sehr beliebt, vor allem bei Ruhesuchenden und Familien mit Kindern. Die nächtlichen Vergnügungsmöglichkeiten sind rar, abgesehen vom Kiosco Fermín, einer Bar, die früher berühmt berüchtigt war für wilde Partys und auch heute noch der wichtigste Treff in der Gegend ist. Neben leckeren Salaten gibt's Bocarrones und frische Tortillas. Man kommt hin, indem man ein Stück weiter Richtung Es Pujols fährt.

Übernachten/Essen und Trinken

Hostal Rosamar

Einfaches und günstiges Hostal mit beliebtem Restaurant für Grill-Fans. Geöffnet von Mai bis Oktober
Sa Roqueta, Tel./Fax 971/328473

Hostal Sa Roqueta

Die Zimmer sind recht einfach und bezahlbar, doch die Aussicht der Räume zur Meerseite hin ist wirklich grandios. Wer Glück hat, erwischt eines mit großer Terrasse zum Meer hin. Geöffnet von Mai bis Oktober
Sa Roqueta, direkt am Strand, Tel. 971/328506

Hotel Lago Playa

Bezahlbares Hotel mit gerade mal 26 Zimmern, Pool und Internetcafé. Beliebt bei Pauschalurlaubern und auf diese Weise auch günstiger als individuell gebucht.

Sa Roqueta, Tel./Fax 971/328507, www.guiaformentera.com/lagoplaya

Platja de Llevant

Unverbautes Gebiet mit weitläufigem Sandstrand. Ideal für Familien mit Kindern und Erholungssuchende. Wer am weitesten auf die Landzunge hinauswandert, findet die einsamsten Stellen. Die Strömungen sind allerdings oft besonders stark und das Schwimmen dann sehr gefährlich. Die Warnflaggen sollten daher auch von sehr guten Schwimmern beachtet werden. Aber keine Sorge: Bei Badeverbot spaziert man einfach auf die andere Seite der Halbinsel. Nicht selten ist das Baden auf der geschützteren Platja Illetes kein Problem, weil oft Ostwind herrscht und hier auf der Westseite weniger davon zu spüren ist. Für das leibliche Wohl sorgt auf der Höhe des nördlichen Salinen-Endes die Bar „Tanga", die vor allem aufgrund ihrer guten und günstigen Fischgerichte sehr beliebt ist. Seinen Drink nimmt man in der Regel im Kiosco Levante, ein schlichter Kiosk in Richtung Sa Roqueta.

S'Espalmador

Die drittgrößte Insel der Pityusen ist nur knapp drei Kilometer lang und bis zu 800 Meter breit. Sie befindet sich im Privatbesitz, ist aber zu jeder Zeit frei zugänglich. Im Sommer ankern an den Stränden der kleinen Trauminsel etliche Yachten, deren Eigner es zu den herrlichen, in die Felsküste geschmiegten Strände zieht. Da ist zum einen die lange Platja des Alga oder die nach Osten ausgerichtete Platja Sa Senyora. Eine Schlamm-Lagune gibt es ebenfalls und viele Besucher kommen ausschließlich, um sich einmal richtig im Schlamm zu suhlen. Wahrscheinlich

ist S'Espalmador die einzige Insel ihrer Art, die man ohne Boot erreichen kann. Von der nördlichsten Spitze der nadelförmigen Halbinsel Es Trucadors aus waten die Besucher zu Fuß die letzten 200 Meter oder schwimmen hinüber. Selbst guten Schwimmern ist diese Variante allerdings nur bei bestem Wetter anzuraten, denn dieses Unternehmen birgt durchaus Gefahren. Ein warnendes Hinweisschild steht nicht umsonst da: Aufgrund unberechenbarer Unterströmungen hat es bei der Überquerung sogar schon Tote gegeben. Am sichersten kommt man rüber, indem man von La Savina aus ein Ausflugsboot nimmt, das auch unweit der Strandbar Es Ministere (siehe Seite 156) einen Zwischenstopp einlegt. Nicht vergessen, ausreichend Essen und Trinken mitzunehmen!

Platja de Ses Illetes

Sicherlich einer der schönsten Strände der Insel und mit Abstand der teuerste. An dem offiziell als Nacktstrand ausgewiesenen Strand tummeln sich die Reichen und Schönen, die mit ihren Speedbooten und Yachten kurz mal von Ibiza herüber geflitzt kommen. Eine Zeitlang war der schicke Strand mit seinen Bars ein wenig in Verruf gekommen, weil sich ausgerechnet die Halbwelt Ibizas nach ihren langen Nächten hier ausruhte. Trotzdem ist der Besuch des Illetes-Strands natürlich ein Muss. Zwar zahlt man für den Gin Tonic etwas mehr, doch die spannende Live-Unterhaltung im Sinne von „Kino pur" gibt's gratis dazu. Baywatch lässt grüßen!

Juan y Andrea
Das heimliche Zentrum des Illetes-Strands. Hier sitzen die Segler und Yachteigner und genießen Leckereien aus der beliebten Restaurantküche. Besonders zu empfehlen: die Paella! Angeblich schaut hier schon mal der spanische König Juan Carlos nebst Gefolge vorbei. Für Yachteigner gibt es einen Abholservice. Tel. 608/534624
Platja de Ses Illetes, Tel. 971/534624

Es Molí de Sal
Gemütliches, auch beim Jet-Set beliebtes Restaurant mit herrlicher Aussicht bis nach Ibiza und zum Hafen. Keine Frage, dass die Langostinos nicht gerade billig sind. Aber das Flair muss man einmal erlebt haben, schließlich ist dies die ehemalige, heute restaurierte Salzmühle der Insel. Perfekt für den krönenden Abschluss des Urlaubs, um die übrig gebliebenen Euros auf den Kopf zu hauen. Ebenfalls geeignet für Heiratsanträge, Geburtstage und Liebesschwüre – ein echter Insidertipp!
Platja de Ses Illetas, Tel. 971/187491, täglich 13–16 Uhr und 20–24 Uhr.

Es Ministre
Beliebter Treff für Wanderer und Radfahrer und Leute, die auf das Ausflugsboot „Barca Bahía" warten. Geboten werden preiswerte, aber gute Fisch- und Fleischgerichte.
Platja de Ses Illetas, Tel. 971/322366, täglich 10–24 Uhr

Big Sur
Die vor allem wegen ihrer guten Stimmung beliebte Standbar gehört zum Pineta Glamclub in Mailand. Wahrscheinlich sind deshalb so viele

Italiener hier. Man könnte fast meinen, sich in einem schicken Café an der Riviera aufzuhalten. Insider bemängeln, dass die Bar immer teurer wird. Wer in der Nähe ist, sollte trotzdem mal reinschauen!
Am Strand von Cavall d'en Borràs

Busse fahren von Mai bis Oktober ab den meisten Orten 1–2 mal täglich, das Ausflugsboot „Barca Bahía" stoppt auf seinem Weg von La Savina zur Insel S'Espalmador beim Kiosco „Es Ministre".

Cala Sahona

Die malerische, von hohen Felsen eingerahmte Bucht muss man gesehen haben. Vor allem zum Sonnenuntergang gibt es kaum einen schöneren Platz auf der Insel. Wer zur Hochsaison hierher kommt, wird allerdings enttäuscht sein. Dann befinden sich entschieden zu viele Menschen auf zu engem Raum. Wer nicht in dieser Abgeschiedenheit wohnen möchte, verbindet den Besuch der Bucht am besten mit einer Wanderung von San Franciso aus. Man geht in Richtung Südspitze Cap de Barbária bis zu der beschilderten Abzweigung (circa 2 km). Danach führt ein befestigter Weg zur Bucht. Auf der Terrasse des einzigen Hotels in der Nähe kann man sich erfrischen oder versuchen, sich durch die Menge einen Weg ins Meer zu bahnen. Wie gesagt: Zu Nebenzeiten eine herrlich verträumte Bucht, zur Hauptsaison ein einziger Alptraum.
Die Bucht wird durch das gleichnamige Zwei-Sterne-Hotel der Familie Juan Ferres bestens bewirtet; auch das Restaurant hat einen guten Ruf. Bis zur Hauptstadt San Francisco sind es sechs Kilometer, so dass man kaum ohne fahrbaren Untersatz auskommt. Mit Pool und Sonnenterrasse, Billard, Tennisplatz, Fahrradverleih und Tretbootverleih am Strand. Halbpension mit Frühstück und Abendessen in Buffetform. Hotel Cala Sahona, Tel. 971/3220230

Respekt vor dem Meer rettet Leben von Rolf Lüke

Rolf Lüke aus Bremen gründete 1999 nach dem Ertrinkungstod seiner Schwester auf Formentera die Organisation Blausand.de. Seit 2001 gibt es das Internet-Portal www.blausand.de mit aktuellen Informationen zur Strandsicherheit. Seit 2002 engagiert sich Blausand.de an den wichtigsten Urlaubsstränden in Europa.

Die Strände von Formentera sind in den letzten Jahren sicherer geworden, vor allem durch den Einsatz von Rettungsschwimmern zwischen Anfang Mai und Ende Oktober, durch ein Warnflaggen- und Rettungsleitsystem (Orientierungsnummern an den Abfallkörben), durch die zentrale, mehrsprachige Notrufnummer 112, durch SOS-Säulen sowie Warntafeln und Info-Broschüren. Reiseveranstalter haben sich verpflichtet, Urlauber auf die Gefahren, die gefährlichen Strände und die Warnsysteme hinzuweisen.

Die größte Gefahr sind häufig auftretende Unterströmungen. Sie können an Formenteras Stränden zu jeder Jahreszeit und auch bei scheinbar ruhiger See auftreten und sind über der Wasserfläche nur selten zu erkennen. Auflandige Winde können unter Wasser stärkere Verwirbelungen verursachen – besonders an Stränden mit Buhnen, vorgelagerten Felsen und Sandbänken. Ablandige Winde können ein Risiko bedeuten, wenn vor allem Kinder mit Plastikbooten oder Luftmatratzen baden.

Riskante Strandabschnitte auf Formentera sind Platja de Arenals an der Platja Migjorn im Süden, der Llevante-Strand und Punta de Trocadors Richtung Espalmador im Norden. Hier sind in der Vergangenheit viele Menschen durch Ertrinken ums Leben gekommen.

Auf Formentera gibt es diese Warnflaggen:

Rote Flagge (Symbol rote Flagge): Badeverbot
Gelbe Flagge (Symbol gelbe Flagge): Das Baden kann gefährlich sein
Grüne Flagge (Symbol grüne Flagge): Baden erlaubt

Bitte bei der Reiseleitung, beim Hotelpersonal und bei den Rettungsschwimmern nach Ausnahmen für den Badestrand nachfragen. Wenn die grüne Flagge gehisst ist, heißt dies nicht, dass der Strandabschnitt auch bewacht ist. In den nächsten Jahren soll die grüne Flagge ersatzlos abgeschafft werden.

Blausand.de-Tipps für die Strandsicherheit auf Formentera:

Beachten Sie immer – auch als guter Schwimmer – das Badeverbot bei gehisster roter Flagge und schwimmen Sie möglichst nur an bewachten Badeständen und nicht allein! Erkundigen Sie sich bei Ihrem Reiseleiter, in Ihrer Unterkunft und bei den Rettungsschwimmern nach möglichen Gefahren! Bitte lassen Sie Ihre Kinder nie unbeaufsichtigt, sie können auch in geringen Wassertiefen gefährdet sein. Bei älteren Menschen kann Hitze, besonders im Wasser, zu höherer Unfallgefahr führen. Sie sollten sich vor dem Baden abkühlen, Alkohol und Baden mit vollem Magen vermeiden und eventuelle körperliche Schwächen respektieren.

Ideal zum Wandern und Radeln

Mit seiner weitgehend flachen Landschaft, der geringen Verkehrsdichte und den relativ kurzen Entfernungen gilt Formentera als Paradies für Fahrradfahrer und Wanderer. Räder kann man an jeder Ecke mieten und selbst Kindersitze und Helme sind überall auf der Insel zu haben. Klar verführt die Sommerhitze auch dazu, mit dem Moped über die Insel zu knattern. Dies nimmt in letzter Zeit allerdings überhand und ein bisschen ist es schon wie an der italienischen Riviera. Vor allem der Cafébesuch an der Straße von Sant Ferran kann zur echten Qual werden, wenn die stinkenden Biester an der Kreuzung zum Stehen kommen und mit lautem Getöse wieder los brausen. Klar, dass die jungen Männer ihre Mädels seit Jahrzehnten mit dem Aufheulen der Motoren zu beeindrucken versuchen. Und seit Jahrzehnten sagt ihnen keiner, dass die Vespa nicht gerade das geeignetste Gefährt dafür ist. Aber egal, es ist, wie es ist und vielleicht wird das olle Rad irgendwann wieder einmal hochaktuell. Wer sich einen Drahtesel schnappt und damit auf Erkundungs-Tour geht, wird die Insel jedenfalls von ihrer schönsten Seite kennen lernen. Weil das Land fast überall sehr flach ist, bewegt man sich fast ohne Anstrengung vorwärts, sofern man nicht in der Mittagshitze unterwegs ist. Die Entfernungen zwischen den wichtigsten Stopps sind recht kurz, so dass selbst Kindern und älteren Menschen die Tour keine Schwierigkeiten bereitet. Und schließlich hat man im Urlaub genügend Zeit und kann ohne Eile an der herrlichen Landschaft vorbei fahren, die herrlichen Ausblicke und den Duft der Blumen und wilden Kräuter genießen. Egal, ob zu Fuß oder mit dem Rad unterwegs: Es empfiehlt sich in jedem Falle, die Wander-Karte von „Ediciones Artes Gráficas" dabei zu haben. In ihr sind fast alle Feldwege eingezeichnet. Ansonsten Sonnenbrille und Kopfbedeckung nicht vergessen, Badezeug, Sonnencreme und die obligatorische Wasserflasche – schon kann's los gehen!

Rad-Tour 1 zu den Salzseen (Halbtages-Tour)
Los geht's in der Inselhauptstadt Sant Francesc. Nach etwa einem

Kilometer in Richtung La Mola biegt man von der Hauptstraße nach links ab und folgt dem Feldweg, der sich am Ufer des Sees Estany Pudent teilt. Einfach die linke Spur nehmen! An dieser Stelle soll übrigens das Haus der beiden Schwestern gestanden haben, die in der Legende um den See die Hauptrolle spielten (siehe Seite 32).

Kurz vor La Savina stößt der holprige Weg auf eine Asphaltstraße, die um den See nach Es Pujols führt. Vorher biegt man jedoch am Norduffer des Sees in einen Sandweg ab, der zu den Salinen führt. Man sieht die geometrischen Salzbecken schon von weitem schimmern. Besonders schön ist die Stimmung kurz vor Sonnenuntergang, wenn sich die Abendsonne in den Salinen spiegelt und die Luft eine ganz besondere Farbe hat. Wer Glück hat, begegnet auf der Fahrt Schnepfenvögeln, Fischadlern und Reihern. Ganz in der Nähe befindet sich die alte Salzmühle, die restauriert wurde und heute das schicke Restaurant Es Molí de Sal beherbergt. Wer möchte, kann hier eine kleine Pause einlegen und den sagenhaften Blick aufs Meer und die blaue Hügelkette Ibizas genießen.

An der Salzmühle angekommen, stellt man das Fahrrad am besten ab und geht zu Fuß weiter. Auf beiden Seiten der Landspitze gibt es herrliche Sandstrände und klares Wasser für eine Badepause. Am besten begibt man sich an die Platja des Ses Illetes, wo man nach einem kleinen Marsch über die felsige Landzuge an den nördlichsten Punkt der Insel kommt. Von hier aus könnte man übers Wasser zur etwa 200 Meter entfernten Trauminsel S'Espalmador gelangen. Aus Sicherheitsgründen sollte man sich diese allerdings für eine Bootstour aufheben, also zurück zum Fahrrad!

Weiter geht's entlang der Uferstraße bis zu einer Halbinsel am östlichen Ende des Sees. Hier befindet sich das Megalithgrab Ca Na Costa (Siehe Seite 54) Man sollte sich ruhig Zeit nehmen, das alte Grab genauer in genauer in Augenschein zu nehmen. Denn es zählt zu den bedeutendsten Stätten vorgeschichtlicher Stätten der Balearen. Die gebückten Menschen übrigens, die man auf seiner Tour erblickt, suchen in der Regel nach wildem Spargel, der aus den dornigen Büschen sprießt.

Kurz vor dem Ortseingang von Es Pujols biegt man rechts in einen Feldweg ein, der entlang des Sees an Ackerland und Weingärten vorbei bis zu dem Punkt führt, wo man die Hauptstraße verlassen hat. Weiter geht es auf der Hauptstraße an Sant Francesc vorbei, bis auf der linken Seite ein Schild nach Porto Saler weist. Auf der breiten Straße bleibt man nur ein kurzes Stückchen, dann biegt man nach rechts ab, wo das Naturschutzgebiet Estany des Peix beginnt. Der Name der Lagune, sie ist durch die Einfahrt „Sa Boca" mit dem Meer verbunden, bedeutet soviel wie Fischteich. Die Bezeichnung Porto Saler kommt aus dem Lateinischen Portus Salarius. Die Römer – und vielleicht schon die Karthager, da ist man sich nicht so sicher – verluden hier das Salz aus den Salinen.

Nach etwa einem Kilometer kommt man zum Wanderweg Camí de Sa Pedrera, der durch Buschgebiet zur Landspitze Punta de Sa Pedrera führt. Zeit für eine kleine Erfrischung! Wie gut, dass am Ende der Bucht der Strandkiosk Anselmo auftaucht. Das Fahrrad lässt man am besten wieder mal stehen, um das Gebiet der Punta de sa Pedrera zu Fuß zu durchstreifen. Der Name bedeutet soviel wie Steinbruch. Neben Salz und Holz waren es Bruchsteine, die früher zu den Exportgütern auf Formentera gehörten. Hier erkennt man gut die Stellen, aus denen die Männer früher die Steine geschnitten haben. Die zweistöckige Finca, die man von hier aus gut sehen kann, war früher einmal Unterschlupf von Freaks und Künstlern und ist heute Mittelpunkt eines Freizeitgeländes.

Weiter geht es Richtung Torre de la Gavina, dem westlichsten Punkt der Insel, von dem aus man einen herrlichen Blick genießt. Von hier aus geht's ins Insel-Hauptstädtchen Sant Francesc, wo man sich am Kirchplatz von der doch immerhin mehr als dreißig Kilometer langen Strecke erholen kann. (Siehe Seite 79)

Rad-Tour 2 (etwa 2,5 Stunden)
Wieder beginnt die Tour in der Inselhauptstadt Sant Francesc. Von hier aus geht es auf der Asphaltstraße bis zur Abzweigung Cala Saona. Man biegt kurz rechts ein und biegt dann nach etwa einem Kilometer erneut ab: links

Las Banderas: ein Restaurant aus 1001 Nacht

in den Camí des Cap. Am Puig Guillem, der zweithöchsten Erhebung der Insel (113 Meter) macht der Weg einen Bogen und bringt einen wieder zurück auf die Hauptstraße. Weiter geht es durch die immer steiniger werdende Landschaft. Zwischendrin die für Formentera so charakteristischen, mit Natursteinen umzäunten Felder und wilde Rosmarinbüsche.

Langsam dürfte der Leuchtturm auftauchen, der erhaben über dem strahlend blauen Meer thront. Was für ein Ausblick – die Mühe hat sich jetzt schon gelohnt! Unweit des Leuchtturms auf der rechten Seite befindet sich die Cova Foradada, mit einem Loch in der Felsspalte als Einstieg und einer Art Balkon zum Meer hin. Wer genug Zeit hat, sollte ein wenig die Stimmung in sich aufnehmen. Am schönsten ist es hier natürlich abseits des Massentourismus in der Nebensaison und wer ganz viel Glück hat, sitzt alleine an den Klippen und genießt die Atmosphäre (siehe auch Beschreibung Seite 49).

Fahrrad mieten

Gelobt sei das Rad, wieder und wieder! Bis 1985 war das umweltfreundliche Verkehrsmittel sogar das einzig erlaubte für Urlauber auf der Insel. Dann aber haben die Tourismus-Förderer doch gesiegt. Man meinte, den Urlaubern nicht zumuten zu können, auf Mietautos bzw. Roller zu verzichten. Wenn es also unbedingt sein soll, so mietet man sich für ein bis zwei Tage einen Roller. Schließlich geht man es in der Regel langsam an im Urlaub und möchte die Insel nicht an einem einzigen Tag erkunden. Per Roller ginge0 man das ohne Probleme.

Wie gesagt: Roller und Fahrräder gibt es überall zu mieten, in der Regel hinterlässt man seinen Pass oder die Kreditkarte als Pfand. Ist zwar üblich, aber ein vernünftiger Mensch gibt natürlich weder das eine noch das andere aus der Hand. Dann schon lieber die Bahncard, die Jahreskarte für den Zoo, den Führerschein oder eine vereinbarte Kaution! Die Preise sind fast überall gleich, in der Hafenstadt La Savina vielleicht eine Spur teurer als andernorts. Je mehr Tage mit dem Vermieter vereinbart werden, desto billiger wird die Sache pro Tag. In der Nachsaison, wenn die Räder und Mofas einsam in der Sonne vor sich hin dösen, kann man den Versuch machen, den Preis noch mal um fünf bis zehn Prozent runter zu handeln. Mit einem freundlichen Gesichtsausdruck funktioniert das in der Regel ganz gut.

Aufgrund der vielen Schlaglöcher und Holperwege auf Formentera lohnt sich das etwas teurere Mountainbike. Um seine Badesachen, Strandgut und seinen Proviant zu transportieren, empfiehlt es sich, vorne oder hinten einen Korb zu befestigen. Normalerweise werden die Räder gut gewartet und befinden sich daher in tadellosem Zustand. Trotzdem sollte man sein Rad kurz auf seine Verkehrssicherheit hin überprüfen. Vor allem das Licht sollte funktionieren.

Zu Fuß die Insel erkunden

Nur um faul am Strand herumzuliegen oder die Nachmittage ausschließlich in den – zugegebenermaßen sehr verlockenden – Strandbars zu vertrödeln, ist Formentera eigentlich zu schade. Insbesondere die Hochebene von La Mola im Osten der Insel, die an ihrem höchsten Punkt fast 200 Meter erreicht, eignet sich wunderbar zum Wandern. Richtige Wanderkarten gibt es für Formentera leider nicht, aber immerhin kann man auf der Insel eine relativ detaillierte Karte von „Ediciones Artes Gráficas" erwerben. Auf dieser sind zumindest die wichtigsten Feldwege eingezeichnet. Dann gibt es beim Fremdenverkehrsamt in La Savina noch die Broschüre „Circuitos Verdes" – „Grüne Routen" mit insgesamt 20 Touren, von denen aber keine länger als 3,2 Kilometer ist. Mit etwas Improvisationstalent kann man mehrere Touren miteinander verbinden. Ansonsten ist fürs Wandern Muse und Entdeckerfreude angesagt. Gefährlich verlaufen kann man sich ja nicht, dazu sind die Entfernungen viel zu gering! Nicht vergessen, stets eine Taschenlampe dabei zu haben!

Wandertour 1 (Halbtagestour)

Diesmal ist Es Caló der Ausgangspunkt der Tour, genauer gesagt das Hostal Entrepinos. Bei diesem biegt man von der Hauptstraße nach links

ab, wo der berühmte Camí Roma beginnt, der schönste Fußweg der Insel. Ob es sich wirklich um einen Handelsweg der Römer handelt, ist zu bezweifeln. „Römisch" bedeutet in diesem Falle wahrscheinlich einfach nur „alt" und das ist der Weg mit Sicherheit und auf keinen Fall Espandrillo- oder Flip-Flop-geeignet.

Einer Legende zufolge verband der streckenweise mit Pflaster belegte Pfad immerhin schon im fünften oder sechsten Jahrhundert den kleinen Hafen in Es Caló mit dem sagenumwobenen, historisch jedoch nie belegten Kloster an der Mola. Ist ja auch egal: Die Aussicht jedenfalls ist unübertrefflich!

Nach etwa anderthalb Kilometern endet der Römerweg an der Asphaltstraße auf der Hochebene. Unter Schatten spendenden Pinien geht es etwa 100 Meter weiter. Dann rechts in einen Feldweg abbiegen, der durch ein Gebiet mit alten Fincas zum höchsten Punkt der Insel führt. Der Aussichtspunkt Talaiassa liegt 192 über dem Meer und ist sicherlich einer der schönsten überhaupt. Richtung Süden geht es weiter, zunächst an mit Steinen umrahmten Feldern vorbei, später durch Wald- und Buschgebiet. Zwei Kilometer später geht es abwärts zur Küste bei Estufador.

Auf dem Rückweg orientiert man sich am besten an einer alten Getreidemühle und erreicht bald wieder die Hauptstraße. Dann geradeaus bis zum Leuchtturm, der etwa 100 Meter über dem Meer an der Steilküste thront. Daneben die Gedenktafel für Jules Verne, einem der großen Väter des Science Fiction. Einer seiner Romane, „Reise durch das Sonnensystem", spielte zum Teil auf Formentera. Der Ausblick ist atemberaubend und man möchte sich gar nicht vorstellen, wie viele Tote das einstige Männer-Ritual hier gefordert haben mag (siehe Seite 121 f.).

Wandertour 2 (höchstens zwei Stunden, also eher ein Spaziergang!)
Die Tour beginnt in Sant Francesc am großen Parkplatz an der Rückseite der Kirche. Vom Hauptplatz kommend, hält man sich links und geht auf der Richtung Westen führenden Asphaltstraße erst links am kleinen Friedhof und dann rechts an der Sporthalle vorbei. Wenn der Weg schma-

ler wird und leicht ansteigt, ist man richtig. Auf der linken Seite steht eine Mühle, ein Stück weiter eine zweite. Kurz darauf verlässt man die Asphaltstraße in einer Rechtskurve, indem man geradeaus der Piste folgt. Nach etwa zehn Minuten kommt man an eine Kreuzung, an der man gerade aus weiter geht. Bald kommt man an einem Trafohäuschen vorbei und nach etwa 200 Metern hält man sich an der Weggabelung links (bei dem Haus mit Terrassenvorbau). Jetzt noch etwa 500 Meter geradeaus und die nächste Abzweigung unbeachtet lassen. Solange weiter, bis der Weg vor einer Trockenmauer endet, hinter dem eine große Kiefer zu sehen ist. Jetzt geht's nach rechts weiter, an der Trockenmauer entlang und dann leicht ansteigend durch lichten Wald aus Kiefern. Immer auf diesem Weg bleiben und die kleineren Abzweigungen ignorieren! Nach etwa 20 Minuten kommt man auf eine Piste, an der man links abbiegt und dann recht bald die kleine Bucht erreicht. Im Hotel Cala Saona kann man sich die wohl verdiente Erfrischung gönnen!

Ausflug nach Ibiza-Stadt

Wer noch nie auf Ibiza war, wird sicherlich wenigstens einen Tagesausflug dorthin machen oder seinen Badeurlaub auf Formentera mit ein paar Tagen in Eivissa verbinden. Den typischen, meist naturverbundenen und Erholung suchenden Formentera-Urlauber wird das quirlige Städtchen kaum länger als ein paar Tage festhalten, doch zumindest einen Abend sollte man sich hier gönnen. Es empfiehlt sich, die Fähre am frühen Nachmittag zu nehmen, in Ibiza-Stadt für eine Nacht einzuchecken, am nächsten Vormittag gemütlich zu frühstücken und dann nach Formentera zurückzukehren. Auf diese Weise erlebt man Ibiza-Stadt am Abend, wenn die Straßenlaternen brennen und die alten Gemäuer im goldenen, typisch mediterranen Kunstlicht erstrahlen.

Wer aus Formentera ankommt, erreicht Ibiza mit dem Schiff und hat gleich einen ersten Eindruck von der Stadt. Vor ihm baut sie sich auf: Unterstadt, darüber die Oberstadt mit den Mauern der Festung, ganz oben dann die Kathedrale. Es fällt auf, dass das Bild der Stadt (weißgetünchte Quaderhäuser, die sich immer höher türmen) durch keine besonders auffallenden modernen Betonbauten gestört wird. Das Schiff legt sozusagen direkt in der Stadt an, zu den Zentren der Ereignisse in den anschließenden Gassen sind es nur ein paar Schritte über die Hafenstraße.

Die Stadt Ibiza hat etwa 35.000 Einwohner und könnte wohl als beschauliche Kleinstadt gelten, wären da nicht die Menschenmassen, die dem Ganzen etwas Großstädtisches verleihen. Zumindest während der Hauptsaison, die von Juni bis September geht, platzt Eivissa schier aus den Nähten. Die Gassen sind eng, manche so sehr, dass sich kaum zwei Personen begegnen können. In den Sträßchen sind noch in den engsten Löchern Boutiquen oder Kneipen untergebracht und es herrscht ein gnadenloses Geschiebe und Gedränge, hervorgerufen durch einen endlosen Strom halbnackter oder buntbekleideter Menschenleiber. Das hört sich nun alles andere als sympathisch an, ist es wohl auch nicht. Im Frühling

Typisch für Ibiza: schroffe Felsen und romantische Buchten

und dann wieder ab Oktober ist Ibiza-Stadt wirklich traumhaft, wer es einrichten kann, sollte zu dieser Zeit hierher kommen.

Irgendwann einmal galt Ibiza-Stadt als abgeschiedene Künstler-Idylle. Das wurde dann in den Illustrierten solange behauptet, bis es jeder unbedingt nachprüfen wollte. Damit begann der Trip der Hippies und später der „Reichen und Schönen" und solcher, die's gerne wären, nach Ibiza. Kein bunter Vogel, der etwas auf sich hielt, konnte es sich leisten, nicht nach „Ib" zu fahren. Das hat die echten Künstler natürlich auf die Dauer verdrängt. Die haben sich mittlerweile in die hintersten Winkel der Insel verkrochen und tauchen nur ab und an auf, um sich in irgendeiner Clique als Relikt aus vergangenen Tagen hochleben zu lassen. Das Kommando haben heute die Boutiquen- und Kneipenbesitzer (fast alles Ausländer) übernommen, die sich mit den Moneten, die sie den Pauschaltouristen aus der Tasche ziehen, ein angenehmes Leben machen.

Vor allem im Winter, so munkeln sie hinter vorgehaltener Hand, lässt es sich am besten leben, wenn die Geschröpften, denen man bunten Flitter und teure Mixgetränke im Sommer angedreht hat, wieder weg sind. Nun, ein paar Leutchen müssen sich halt grundsätzlich als Elite fühlen. Den anderen scheint das aber nicht viel auszumachen. Sie schmeißen mit den Euros um sich, dass es eine Freude ist, behängen sich mit allem möglichen Krimskrams und lassen beim mitternächtlichen Showdown im „Privilege" oder einer anderen Super-Disco die Sau raus. Für ein bis zwei Wochen hat man's eben mal, danach die Sintflut. So die Stadt Ibiza heute. Blockt man weiter als bis zu den Hippies der Sechziger zurück, etwa bis ins Altertum, dann stößt man auf die Karthager, denen es hier als erste gefallen hat. Dann folgten die Griechen und die unvermeidlichen Römer, die wiederum (wie überall in Spanien) von den Mauren abgelöst wurden. Jeder wollte sich, so lange es ging, gegen den jeweiligen Nachfolger verteidigen.

Das hat dazu geführt, dass die Verteidigungsanlagen immer riesiger wurden. Wer sich heute die Mühe macht, zu den Mauern der alten Feste hinaufzukraxeln, der hat nicht nur eine herrliche Aussicht über Stadt und Meer, sondern auch die Möglichkeit zu der Erkenntnis, dass er selbst zu den Eroberern gehört, denen nicht mal diese Mauern etwas entgegenzusetzen haben: den Heerscharen des modernen Tourismus.

Wie gesagt, geht es in diesem Buch vornehmlich um Formentera. Der Ausflug Ibiza-Stadt berührt also nur die wichtigsten Spots und behandelt bei weitem nicht alle Sehenswürdigkeiten. Die Bars und Diskotheken sind etwas ausführlicher behandelt, weil man in der Regel genau deshalb von Formentera hier rüber kommt. Wer länger bleiben möchte, besorgt sich am besten den im Unterwegs Verlag erschienenen Szeneführer zu Ibiza.

Unterkünfte

Hotels, Hostales und sonstige Herbergen gibt es in Ibiza wie Sand am Strand. Nur ist es – vor allem in der Hauptsaison – verteufelt schwer, ein Plätzchen zu finden, welches nicht zu teuer ist und nicht zu weit vom Schuss liegt. Dazu ein paar allgemeine Tipps, die das anstrengende Suchspiel erleichtern:

Sich am besten vormittags auf die Suche begeben, dann ist die Chance am größten, ein Nest zu finden, das gerade leer geworden ist. Den Wirten möglichst nie sagen, dass man nur eine Nacht bleiben will, auch wenn dies der Fall sein sollte. Sie bevorzugen Gäste für mehrere Tage.

Hostal Parque

Wenn schon schlafen, dann wenigstens an einem der schönsten Plätze der Stadt. Zum Beispiel im Hostal Parque, das gleichzeitig mit einem gemütlichen und preiswerten Café aufwartet. Der Platz ist der beste Ort für ein ausgiebiges Frühstück nach einer langen Nacht. Preise: ab fünfzig Euro aufwärts.

Plaza del Parque 4, Tel. 971/301358, info@hostalparque.com

Hostal Marina

Sehr günstig gelegen, man kann dem Treiben in den Gassen vom Fenster aus zusehen. Selbst wenn das Haus voll ist, sich nicht gleich abschütteln lassen. Der Wirt weiß noch andere Unterkünfte in der Stadt.

C/. Barcelona 7, nahe Estación Maritima, Tel. 971/3101 72, Fax 971/314894, ganzjährig geöffnet

Hostal Residencia Can Bufí

Wer Ruhe und entspanntes Laisser-faire von der verrückten Welt Ibizas sucht, hier gibt es Labsal für die Seele des gestressten Travellers – und das in einem wunderbaren Ambiente voller inseltypischer Architektur und Design. Die ursprüngliche Hacienda vereinigt nun – ganz mediterran und ibizenkisch – die Schlichtheit des balearischen Landhausstils mit allen Annehmlichkeiten des heute notwendigen oder zumindest erwarteten Komforts. Und mitten drin ist Can Bufís Garten eine tropische Oase in farbenprächtiger Exotik mit ausladenden Bäumen, Palmen, viel Grün und bunter Blütenpracht und eine perfekte, vor allem sanfte Verführung zum ausgelassenen Savoir-vivre. Besonders morgens, wenn man sich dort bis um 11 Uhr in dieser prächtigen Kulisse das ausgiebige Frühstück mit frischen Früchten, viel Kaffee aus der großen Kanne, hausgemachter Marmelade, Käse und Schinken munden lässt.

Die vierzehn Zimmer – jedes mit Bad oder Dusche – sind einfach und jedes für sich individuell in harmonischen Pastelltönen eingerichtet. Alles Notwendige ist vorhanden, die Nassräume sind sehr großzügig. Auf einen unbotmäßigen Luxus muss allerdings verzichtet werden, doch der würde in diesem erdverbundenen und doch verträumten Ambiente sowieso nur stören. Draußen locken ein großer, gepflegter Swimmingpool, Sonnenterrassen und die Poolbar mit Selbstbedienung.

Das Hostal Residencia Can Bufí ist eines der bestgeführtesten Häuser von Santa Eulalia. Besonders der Service durch die beiden charmanten Betreiber hat uns überzeugt. Einerseits lässig und unaufdringlich, werden sie ihrem Anspruch, die Wünsche und Ansprüche ihrer Gäste zu erfüllen oder zufrieden zu stellen, bestens gerecht. Und wenn's doch einmal eine Unpässlichkeit gibt, aber wo kommt diese nicht vor, wird sie von ihnen umgehend

und nicht wie in vielen anderen Häusern irgendwann behoben.

Das Can Bufí besticht in erster Linie als wohltuende Oase nach und vor dem hektischen Strandleben und den oft lärmigen Techno-Nächten. Dennoch bestehen hier natürlich sämtliche Optionen des Sich-Kennenlernens und der Kommunikation – schließlich ist auch dies wie die Neugierde, Neues zu entdecken oder zu erleben, eine der unverwüstlichen Triebfedern des Reisens. Selbstverständlich sind die Betreiber des Can Bufí auch bei der Anmietung von Autos, Rollern oder Motorrädern behilflich. Dazu erhält man, sofern gewünscht, von ihnen viele brauchbare, besonders für Inselnovizen wertvolle Tipps.

Das Hostal Residencia Can Bufí befindet sich in der Siedlung Sa Recona von Santa Eulalia am Ríu de Santa Eulalia (dies ist allerdings mehr ein träge vor sich hin dümpelnder Bach), ca. 350 m vom Strand entfernt. Dieser ist wie die Straßencafés, Restaurants und Boutiquen also in wenigen Minuten vom Can Bufí bequem zu Fuß zu erreichen (bis zur großen Tennisanlage sind es ca. 2 km). Für Aktivisten sicher wichtig: An der Mündung des Ríu de Santa Eulalia, gerade mal einen Katzensprung entfernt vom Can Bufí, gelangt man zum größten Wassersportzentrum der Region mit Yachthafen und Tauchschule.

Eigentlich schade, dass das Can Bufi alljährlich erst Mitte März öffnet und Ende Oktober bis zur nächsten Saison seine Pforten schließt.

Hostal Residencia Can Bufí, Apartado 82, Sa Reconda, 07840 Santa Eulalia del Río, Ibiza, Baleares, Tel. 0034/971/330016, Fax 0034/971/33 6784, www.ibiza-spotlight.com/canbufi. Wer nicht pauschal bucht, muss in der Nebensaison (15. März–30. Juni und 16. September–29. Oktober) mit € 75,–, in der Hochsaison (1.–31. August) mit € 108,– für ein Doppelzimmer inkl. Frühstück und 7 % MwSt. rechnen. Dies ist für das, was man bekommt, ein mehr als annehmbarer Preis. Für ein Extrabett im Doppelzimmer werden € 27,– (Nebensaison) oder € 38,– (Hochsaison) berechnet.

El Corsario

Absolutes Lieblingshotel mit einer fantastischen Aussicht! Unter hundert Euros ist hier kein Zimmer zu haben, schließlich hat hier schon Onassis sein teures Haupt auf die Kissen gelegt. Wem das charmante Hotel zu teuer ist, sollte sich wenigstens mal ein Abendessen hier gönnen!
Dalt Vila, C/. Ponent 5, Tel. 971/301248, Fax 971/391953, elcorsario@ctv.es, ganzjährig geöffnet.

Europa Púnico

Familiäres Hostal in der Neustadt. Hier findet man auch mit seinem vierbeinigen Anhang Unterschlupf.
C/. Aragón 28, Tel. 971/303428, Fax 971/390457, ganzjährig geöffnet, mittlere Preislage

Hostal España

Nicht gerade der Inbegriff von Luxus, dafür die beste Lage für Nachtschwärmer und Vergnügungssüchtige. Das Mar y Sol, das beliebteste Straßencafé der Gegend, liegt direkt vor der Haustür.
Avda. Bartolomé Vicente Ramón I.

El Palacio

Schweizer Kinofreaks machten aus einem Herrenhaus in der Oberstadt ein Filmhotel a la Hollywood. Das Penthouse zum Beispiel, ganz in Pink gehalten, trägt den Namen „Marilyn Monroe" und auch sämtliche andere Zimmer und Suiten sind jeweils einem Superstar gewidmet. Das schicke Hotel ist zwischen Ostern und Oktober geöffnet und eigentlich nur in der Nebensaison bezahlbar. Ansonsten kostet die Marilyn-Monroe-Suite knappe 320 Euro die Nacht, das „Humphrey-Bogard-Zimmer" ist schon für läppische 220 Euro zu haben.
Carrer Conquista 2, Tel. 971/301478, Fax 971/391581, www.elpalacio.com

Montesol

Wer etwas für Tradition übrig hat, steigt in diesem altehrwürdigen Hotel der dreißiger Jahre ab und wohnt mitten im dicksten Trubel am lautesten Platz der Stadt. Von außen verspricht es mehr, als es letztendlich her gibt, und wenn man ehrlich ist, sind die Zimmer für den Preis zu einfach und zu lieblos. Preise: ab sechzig Euro aufwärts. Das Café des Montesol eignet sich bestens als Treffpunkt! Es ist jedem bekannt und man erreicht es schnell zu Fuß vom Hafen aus.

Vara de Rey 2, Tel. 971/310161, Fax 971/310602, ganzjährig geöffnet

Das *Les Terrasses*, ein romantisches Haus mit 9 Zimmern im Stil einer Finca. Anrufen (Tel. 971/33 26 43) und fragen, ob die wunderbar dekorierten Räume gerade frei sind. An der Straße zwischen Ibiza und St. Eularia, bei Kilometer 1; die Zimmer sind ab 80 Euro zu haben.

Frühstückstipp: Sangantanas

In Sichtweite zum Hostal Parque befindet sich dieses gemütliche Café. Rastafrisierte und schrille Nachtschwärmer sitzen draußen, beobachten die Vorüberschlendernden beim Mojito, spielen Schach oder frühstücken Bocadillos mit Käse und Thunfisch. Auch angenehm: die blitzsauberen Toiletten!

The Ocean Drive

Neu im Jahr 1998 eröffnet, avancierte das „The Ocean Drive" in kürzester Zeit zum Inbegriff eines luxuriösen Feriendomizils der Extravaganz. Längst ist es beim Jetset schwer en vogue und feste Anlaufstelle und bevorzugte Loggie von Models, DJs, Schauspielern und Künstlern. Zaunrespektive Restaurantgäste können schon mal einen Blick riskieren, indem sie für € 15,– mittags hierher zum Lunch Buffet kommen.

Das Hotel wurde in etwas anachronistischer Art-déco-Architektur mit herrlichem Blick auf die Burg der Altstadt und den Yachthafen direkt über die Hafenpromenade gebaut. Nachts leuchtet die Fassade in einem pastellen Preußischblau und in kontrastreicher Harmonie zum warmen Licht der satten Gelbtöne der üppigen Beleuchtung. Stil und Farben sind ganz dem Ocean Drive in Miami nachempfunden. Schließlich ist das Ocean Drive Mitglied im Verband der Design-Hotels. Das „stylish"-noble Ambiente mit Marmor, Chrom und Ledersofas durchzieht Rezeptionshalle samt hypercooler Bar, das Restaurantportal und die fantastische Rooftop-Terrasse und vollendet sich im natürlich „stilbewussten" Luxus der Bäder mit Granit- und Edelstahl-

Waschtischen und Ganzglas-Duschkabinen. Die großzügig entworfenen Zimmer, fast alle mit Meerblick, sind mit Klimaanlage, Heizung (mit Fernbedienung regelbar), Sat-TV und Minibar ausgestattet und lassen inklusive des akuraten Service keine, selbst anspruchsvollste Wünsche offen. Das Restaurant überzeugt die staunenden Augen mit italienischem Design und den verwöhnten Gaumen mit kreativ mediterraner Küche und mehr als nur einem Hauch von Nouvelle Cuisine.

Selbst illustrer Mittelpunkt der Szene, ist das Ocean Drive in günstiger Entfernung, will sagen Nähe zu den Brennpunkten der Nacht bzw. des Tages angesiedelt. So sind es bis zur Platja de Talamanca gerade einmal 300 Meter, die Disko-Tempel „Pacha" und „El Divino" sind wie auch das Casino in fünf Minuten zu Fuß zu erreichen. Last but not least pendeln von der 100 Meter entfernten Anlegestelle in wenigen Minuten Shuttle-Fähren zwischen dem Kai und Ibizas Altstadt.

The Ocean Drive, Marina Botafoch, Platja de Talamanca 223, 07800 Ibiza Ciudad, Ibiza, Baleares, Tel. 0034/971/318112, Fax 0034/971/312228, E-Mail: odrive@step.es, Internet: www.oceandrive.de. Ganzjährig geöffnet. Wer nicht pauschal bucht, muss mit über € 150,– pro Nacht rechnen (in der Nebensaison für ein Doppelzimmer der einfacheren Kategorie, der Preis steigt in der Hauptsaison um bis zu 50 %), was von vornherein die Pauschalbuchung zur obligatorischen Angelegenheit macht. Am besten kontaktiert man das Ocean Drive per E-Mail und erfrägt Hausprospekt, Preis und deutsche Veranstalter, die das Hotel anbieten. Qualitätsbewusste Preisfüchse buchen natürlich online über www.reise.com, der Topp-Internet-Adresse, wo Fernweh, Reisen und Urlaubsspaß zu optimalen Preisen realisiert werden können.

Essen und Trinken

Alle Schlemmertempel, Spezialitätenrestaurants und sonstige lukullischen Hochburgen sowie einfache Lokale mit gutbürgerlicher Küche und simpelste Buden für den gröbsten Hunger aufzuzählen oder gar testen zu wollen, würde an Anmaßung grenzen. Es gibt jeweils eine schier unbegrenzte Zahl von Möglichkeiten zwischen Bocadillo und der feinsten französischen Küche. Folgende Liste ist auch mit Tipps von „Insidern" eingerichtet, die schon jahrelang in Ibiza ihre Kreise ziehen.

Einen Streifzug durch die Restaurants beginnt man frühestens um 21 Uhr, besser später. Vorher gibt es in Ibiza kein vernünftiges Essen, es sei denn die üblichen Pizzas, Hamburger, Frankfurter und Sandwiches, die man den ganzen Tag an jeder Ecke verzehren kann. In aller Ruhe ein gutes Menü am späteren Abend gilt als die beste Grundlage für eine Ibiza-Nacht, die ja bekanntlich recht lang werden kann.

Wer nachts um zwei noch Hunger hat, hält am besten in Hafennähe Ausschau nach einem Restaurant. Sehr zu empfehlen ist die ***Pizzeria Pinocho***, die eine große Auswahl an leckeren Pizzas und Salaten bietet. In unmittelbarer Nähe befinden sich noch weitere Bars und Restaurants, die auch zu später Stunde etwas Essbares bieten.

Pinocho: C/. d´Enmig, Nr. 16–18, Tel. 971/310176, Puerto de Ibiza

Taberna El Gallego

Mitten im Trubel der Altstadt befindet sich dieses gemütliche Restaurant. Die äußerst freundliche Bedienung serviert köstliche, spanische Gerichte. Besonders zu empfehlen das Huhn mit gratinierten Kartoffeln und ein Glas Hauswein dazu. Mit etwa zehn Euro ist man dabei.

C/. Castelar 7, Tel. 971/193777

La Brasa

Eines der schönsten Gartenrestaurants der Stadt. Man sitzt in romantischer Atmosphäre unter Bäumen und genießt mediterrane Köstlichkeiten. Allein die Nachspeisen und Eis-Spezialitäten sind einen Besuch wert.

C/Pere Sala 3, Tel. 971/301202, labrasa@arrakis.es

S'Oficinia

Wir beginnen gleich mit unserem Lieblingslokal. Selbst die Einheimischen schätzen die gute, aber einfache Küche. Gekocht wird „baskisch". Avenida España 5, Tel. 971/300016

El Patio

Top-Restaurant, für viele die Nummer eins auf der Insel. In einer restaurierten Finca an der Straße Ibiza nach San Miguel, km 0,5 (also nicht weit von der Stadt). Wer Promis gucken will, ist hier genau richtig. Und kochen können die Besitzer wirklich! Tel. 971/191340.

Estación Maritima

Direkt an der Schiffsanlegestelle. Nicht gerade ein Feinschmecker-Tempel. Dafür die gute Aussicht und Treffpunkt der hungrigen Nachtschwärmer, die mal kurz einen Happen zur Stärkung brauchen. Wer will, kann hier auch eine recht gute Paella in froher Runde essen.

Ama Lur

Straße Ibiza–San Miguel, an der Kreuzung nach San Rafael gelegen bei km 23. Tel. 971/314554. Im Sommer unbedingt reservieren, sonst wird es nichts mit feinster baskischer Küche. Ein exzellentes Haus in wunderbarem Ambiente. Im überdachten Patio servieren unauffällige Helfer den vorzüglichen Fisch, das hausgemachte Gebäck und die feinen Fleischspezialitäten. Unter 100 Euro für 2 Personen ist ein ganzes ausgezeichnetes Mahl zu bekommen und anschließend fühlt man sich wie neugeboren.

Madrigal

Der Besitzer sieht aus wie ein Zuhälter und der Koch wie ein College-Boy. Ungerechte Einordnung! Im Madrigal in Ibiza-Stadts Hafengebiet Marina Botafoch sind alle Examen längst gemacht. Ein Super-Haus, perfekt geführt, intim bekocht und von der Prominenz längst besetzt. Geschmackvoll bis hin zum Werbeplakat fürs Frühstück, das es hier auch gibt. Unser **Tipp:** zuerst Carpaccio, dann Barsch oder Fischplatte, vielleicht ein Kaninchen und danach das Whisky-Soufflé. Tel. 971/313606.

Café Mar y Sol: Der Treff in Ibiza-Stadt

Klassiker

Während des Stadtrundgangs, der immer vom *Café Mar y Sol* ausgeht und bis zum Ende der Hafenmole dauert, werden einige Klassiker entdeckt, die tatsächlich seit Jahren hohe Qualität liefern. Wir nennen *El Sausalito* und *El Brasero,* beide in der Altstadt,

El Sausalito

Direkt am Ende des alten Hafens, der Prominenten-Treff überhaupt und wirklich auch die beste Küche nach wie vor. Wenn man vor 23 Uhr essen will, bekommt man auch als Nicht-so-VIP immer einen Platz.
Tel. 971/310166.

El Faro

Am Ende der Hafenpromenade an der Plaza Garijo. Spanische Küche mit französischem Einschlag. Sehr aufgeblasen inszeniert und auch teuer, aber die Fischgerichte sind durchaus erträglich und man sitzt an einer außergewöhnlichen Stelle.

182

Comida San Juan

C/Guillem Montgri, der Spanier, der noch spanisch ist und wo man sich echt günstig die gegrillte Fische einverleiben kann. Beliebt auch der Eintopf mit Meeresgetier und Kartoffeln. Preiswert.

.. in den Gassen sieht man alle Möglichkeiten der Nahrungsaufnahme, und wer einigermaßen günstig wegkommen will, wird eine der zahlreichen Pizzerien wählen, die vor allem am Anfang der Rennbahn um die C/Mayor liegen. Achtung! So schön man im Mar y Sol oder im Montesol sitzt, so schrecklich ist die dort angebotene Pizza. Man kann in diesen altehrwürdigen Häusern das Geschehen bei Bier und Cola beobachten und höchstens einen der angebotenen Toasts zur Stärkung nehmen. Zum richtigen Essenfassen geht man in die Gassen.

...wer Outsider-Tipps in anderen Gebieten der Insel benötigt, der muss das Schwesterbuch „Szeneführer Ibiza" erwerben. Da steht dann wirklich alles drin.

El Faro

Treffs in der Stadt

Bei der folgenden Beschreibung einiger einschlägiger Treffs wird weitgehend der immer gleiche Rhythmus des täglichen Ablaufs im Auge behalten: Etwa ab 11 oder 12 Uhr Erholung und Frühstück in diversen Straßencafés, abends Selbstdarstellung in Kneipen und Bars, später, nach Mitternacht, Höhepunkt der Ego-Trips und der narzisstischen Hysterie in Discos und anderen Musikschuppen. Es geht bei allen doch ganz schön locker zu. Freundschaften halten meist nicht länger als eine Nacht, „feste Beziehungen", die sich zu zweit auf die „Bühne" gewagt haben, zerbrechen nur allzu leicht, und die schönen Männer sind durchaus nicht alle schwul.

Straßencafés und Tagestreffs

Mar y Sol

Direkt an der Promenade und nicht zu übersehen. Es ist schon beinahe Pflicht, den Tag mit dieser „Institution" zu beginnen. Es ist das (Frühstücks-)Café schlechthin. Unter Palmen trifft man sich so gegen Mittag, nachdem man sich von der Nacht einigermaßen erholt hat, um sich bei „Croissants" und café con leche zu erholen und um zu sehen, was der neue Tag so alles auf Lager haben könnte. Das Publikum ist sehr gemischt, vom deutschen Aral-Tankstellenbesitzer zu Stars wie Roman Polanski ist alles vertreten. Was man wissen muss, erfährt man im Mar y Sol: Wo man noch ein Zimmer herkriegt, wo die nächste Strandparty steigt, wer an Prominenz zur Zeit in der Stadt weilt usw. Man kann hier auch jederzeit eine Nachricht für irgendwen am Tresen oder bei einer der netten Bedienungen hinterlassen, sich auf der Toilette frisch machen oder einfach nur zerknirscht in der Ecke sitzen und den Weltverzweifelten raushängen lassen. Man ist hier alles gewöhnt und entsprechend tolerant. Kurzum: Am Mar y Sol kommt man nicht vorbei.

Montesol

Gleich um die Ecke am Paseo Vara de Rey. War einmal, was heute das Mar y Sol ist, und eignet sich noch immer hervorragend zum People-Watching! Wer etwas auf Tradition hält, geht weiter hin. Vor allem im Winter, so wird erzählt, kommen hier die Neu-Ibizenker hin.

Insgesamt geht es etwas ruhiger zu als im Mar y Sol, so dass man hier die besseren Gespräche unter vier Augen führen kann. Die Kellner sind extrem lahm, aber das Ganze ist echt noch „typisch spanisch".

Teatro Pereira

Hier, unter den schützenden Arkaden, bewahrt man Stil, denkt über andere Zeiten und andere Welten nach. Bei schwarzem Kaffee und Rotwein träumt man den Haschwölkchen nach und zerbricht sich den Intellektuellenkopf an revolutionären Fragen.

Spät abends dann verwandelt sich das Pereira in den wichtigsten Jazz-Treff auf Ibiza. Die Veranstaltungen sind oft schwach besucht, aber das Klientel stets top. Kenner, interessante Menschen, Musikfreaks. Und – selten auf Ibiza – ganz wenige Blödmänner. Calle Conde Rosellón

Und hier beginnen die Nächte
Zoo

Wichtigster Laden im engen Carrer de Barcelona, der zur wichtigsten Ausgehmeile der Stadt gehört. Der Name könnte nicht treffender sein. Hier wird der Begriff „Theater Ibiza" am verständlichsten. So um 23 Uhr bauen sich die „In-People", also die schicken Leute, die unbedingt dazu gehören wollen, vor dem Laden auf, nehmen einen nicht gerade billigen Drink zu sich und wiegen sich im Takt zur gerade populärsten Disconummer. Schöner kann man gar nicht mehr sein und mehr wird man wohl kaum irgendwo begafft. Gegenüber auf den Stühlen einer Eisdiele sitzt das Publikum und sperrt Mund und Augen auf.

El Divino

Etwas frischer ist die Stadtkneipe vom El Divino, auch eine gute Ecke, wenn man in den vorderen Reihen sitzt. Denn hier ist Ibiza ab 1 Uhr so, wie man es sich vorstellt: Schrill, laut und modisch!

Im Carrer de Barcelona, nicht zu verwechseln mit der Discothek „El Divino" in Marina Botafoch.

Teatro

Nur wer einen kennt, der einen kennt, der regelmäßig in diesem schrillsten Lokal der Stadt verkehrt, sollte sich reinwagen. Fremdlinge werden wie Fremdkörper behandelt; höchstens sehr schöne Bubis haben sofort Anschluss. Wer aber drinnen ist, erlebt Ibiza pur: geschminkt, verrückt, verrufen! Calle de la Virgen (Zufall! Denn nichts ist jungfräulich in diesem Tollhaus!). Die Calle de Virgen ist übrigens der Homotreff überhaupt.

The Mao Rooms

Mitten in der Altstadt unweit des Hafens befindet sich dieser – wie auch sonst – ganz in Rot gestylte Club. Der große Vorsitzende Mao von Andy Warhol wacht über dem Treiben der Gäste, die ausgestreckt auf rot geschmückten Matratzen liegen und sich im Rhythmus der DJ-Klänge wiegen. Rechts um die Ecke liegen Paare in separierten Betten und knutschen, während eine gutaussehende Blonde (augenscheinlich die Königin der Nacht in diesem Club) durch den Raum schwebt, altbekannten Gästen Küsschen gibt und Cocktails serviert. Wenn man es nicht besser wüsste, könnte man dieses lauschige Plätzchen glatt mit einer Opiumhöhle verwechseln. Ein echter Geheimtipp! Auch wenn man riskiert, seine Highheels beim Treppenabgang zu ruinieren.
The Mao Rooms, Dèmili Pou 6, 07800 Ibiza, Tel. 6305540989

Warhol Ibiza

Erst ein paar Jahre alt und von Anbeginn eine der angesagtesten Bars der Insel. Mitten im Trubel der Altstadt. Carrer de Ramón Muntaner 151, Ecke Joan Xicó, Tel. 971/300806, täglich 21–4 Uhr

Keeper

Mehrere Freiluft-Bars und ein glänzender Innenraum: Keeper ist der neue Abendtreff (ohne Eintritt), der ab 2 Uhr die Hauptszene von Ibiza-Stadt in Richtung Ibiza-Neustadt (Casinogegend, Richtung Botafoch) abzieht. Lebhaftes, lautes Geplauder, international, Kontakthof, einfach auch Sightseeing. Ein gutes Lokal mit heißer, lauter Musik. Gegenüber der Eingang vom El Divino.

La Diosa

Restaurant, Lounge Garden und Live-Musik. Einer der gemütlichsten und liebevollsten sowie stylishsten Neuerscheinungen der Insel. Auf dem äußerst weitläufigen Gelände befinden sich unter freiem Himmel mehrere Bars, unzählige herrlich bequeme Himmelbetten zum Chillen und jede Menge Tische zum Essen. Zum Programm gehören auch die verschiedenen Shows von exotischen Tänzerinnen zwischen den Statuen und um den Springbrunnen, Musiker begleiten dieses Spektakel, ein anderes mal erlebt man hier einen Feuertanz der besonderen Art. Und sollte man am richtigen Abend dort sein, kann man gleich bleiben und drinnen wie draußen die nächste Party mitfeiern.

Santa Eulalia, San Miguel km 4

La Diosa. Der Chill-Out Bereich unter freiem Himmel

Wo die Nächte enden …

Hier einen Überblick der meiner Meinung nach besten und ausgefallen-
sten Clubs der Insel. Wobei zu erwähnen ist, dass die privaten Partys
außerhalb in irgendwelchen Luxusvillen ungeschlagen bleiben, sofern
man den Weg dorthin findet!

Was die Getränke und Eintrittspreise angeht, können wir leider keine
genaueren Angaben machen. An dieser Stelle die herzlichsten Grüße
nach London!

Beginnen wir also, wie es auch bei uns begonnen hat:

Privilege
San Rafael, Ibiza
Zwischen Ibiza und Sant Antoní, so auf halber Strecke an der
Hauptstraße in der Nähe von San Rafael. Nicht zu verfehlen, sieht aus
wie ein gelandetes UFO auf den Hügeln von San Rafael. Das Privilege
ist offiziell der größte Club der Welt! Atemberaubende Innendeko inklu-
sive Pool, Gartenanlage, Backroom …
Eröffnet wurde es in den 70ern als das weltberühmte KU. 1994 wurde
der Club in Privilege umbenannt. Einer der absolut originalen Clubs
Ibizas – die erste Disco auf der Welt mit Swimming Pool.
Die Musik ist hier wie überall eigentlich sehr abwechslungsreich mit
allen möglichen Musikstilen, angefangen bei Funky Breakbeat bis hin zu
Trance und Techno. Wenn der ganze Club geöffnet ist, gibt es drei verschiedene Music-Areas, so sollte also für jeden Geschmack was dabei
sein. Das enorme Soundsystem schafft es, das Privileg, und dessen
Fläche entspricht immerhin der Größe eines Fussballplatzes, mit fein-
stem Klang zu füllen, so muss man hier nach ein paar Drinks echt auf-
passen, dass man sich nicht verläuft. Es herrscht eine unglaubliche
Atmosphäre und man kann sich den ganzen Abend damit beschäftigen,
von der Terrasse (bewachsen mit Palmen) über die 2. Etage bis hin zum
VIP-Bereich zu wandern. In den jeweiligen Dance Areas werden die ver-
schiedensten Musikrichtungen aufgelegt; auf der Manumission Party gibt

es sogar auf der Toilette einen Resident-DJ! Das Privilege kann man gar nicht beschreiben, so atemberaubend ist es, das muss man einfach erlebt haben! Das Privilege (ehemals KU) genießt einen legendären Status, nicht nur auf Ibiza, sondern weltweit. Nicht viele Clubs auf der Welt fassen 10.000 Menschen – mit der Möglichkeit sich im Pool abzukühlen, wenn es zu heiß wird. Als absoluter Lieblingsclub des Jetset, der Super-Models und der Rockstars musste das damalige KU aufgrund von Gerüchten über Drogenhandel und Mafiageschäften in den frühen 90ern geschlossen werden.

Der Eintritt für die Manumission liegt etwa bei 60 Euro, an anderen Nächten schwankt der Eintritt zwischen 25 und 50 Euro. Das Privilege: offiziell der größte Club der Welt (Guinessbuch der Rekorde).

Space

Playa d'en Bossa, Ibiza
Neben dem Aguamar (Wasserrutschenpark) in Playa d'en Bossa. 5 Minuten mit dem Taxi von Ibiza-Stadt.
Wohl der erste After Hour Club der Welt. Harter Techno-Sound drinnen und feinster Balearic House draußen auf der Terrasse.
Sonnenbrille nicht vergessen!
Eröffnet 1988, damals noch als ganz normaler Nightclub. Heute ist das Space DER Afterhour-Club Europas (wenn nicht sogar der Welt, des Universums). Meist öffnet er seine Pforten erst am frühen Morgen, wenn die anderen Clubs schließen. Doch hier wird dann bis in den Nachmittag hinein weitergetanzt. Seit geraumer Zeit gibt es jedoch auch Specialparties, an denen wieder nachts im Space abgefeiert werden kann. Passend dazu, hier auch die Musik. Von einem Extrem zum anderen! Funky Summer House und Garage sind der Schlüssel zum Erfolg der berühmten Space Terrace, hier unter Sonnensegeln den Wodka Bull schlürfen und mit Ibizas wildesten Partieleuten chillen. Trance und Techno sorgen für den absoluten Kontrast. Dunkel, Lazershow, Video-projektionen, Tänzer auf Podesten – so muss ein After Hour Club sein! Süchtige Space-Clubber fliegen sogar für die Opening und Closing Parties ein, und viele der Weltklasse-DJs erklären das Space zu einem

Party einen ganzen Sommer lang an der Playa Las Salinas

ihrer Lieblingsclubs. Immer wieder, wenn die landenden Jets nur einige hundert Meter über die Terrasse hinwegdonnern und so die Musik übertönen, werfen die Clubber die Arme in die Luft und schreien ihre gute Stimmung hinaus. Und dann wirst auch du verstehen, was es heißt, Lost in Space zu sein. Die Preise schwanken wie überall je nach Anlass, zwischen 30 und 50 Euro.

Space: Der britische DJ Alex P hat 1991 einfach ein paar Turntables auf die Space Terrace gestellt und den Club so ins Leben gerufen!

Und wenn wir gerade da sind, lohnt es sich auf jeden Fall, zur legendären Beachbar Bora Bora rüber zugehen.

Bora Bora

In den bekannten Jet-Apartments mitten am Strand der Playa d'en Bossa liegt das Bora Bora, die wahrscheinlich verrückteste Beachbar der Welt! Während die einen sich noch erholen müssen und rundherum auf ihren Badetüchern liegen und sich sonnen, tanzen direkt dahinter die wahren Ibiza-Clubber mittags schon wieder auf den Tischen und um die Bar. Hier findet sich so mancher in der Nacht zuvor verloren gegangene Clubber wieder.

DC 10

„And than we got totally wasted at DC 10", diesen Satz werden wir sicher nie vergessen, denn nichts beschreibt besser das Treiben montags im DC 10

DC 10 – auf dem Weg zum Strand Sa Trincha, Salinas

Eigentlich einfach zu finden, das DC 10: Man fährt von der Straße Eivissa–Flughafen an der Abzweigung in Richtung Salinas ab und hält auf der rechten Straßenseite Ausschau auf ein Gebäude, neben dem ein altes Flugzeug verrottet. Doch so leicht dieser Ort zu finden ist, so schwer ist es, wieder rauszukommen, sobald er geöffnet hat. Auch hier finden After Hour-Sessions statt. Dieser After Hour-Club ist für all diejenigen, denen das SPACE nicht reicht!

Früher ein Geheimtipp, doch nun der In-Treff für alle, die am Montagmorgen um 11.00 Uhr noch gerade stehen und einen Wodka-

Lemon bestellen können. Sehr gute progressive Musik gibt es hier drinnen und draußen auf der Terrasse zu hören. Das ist leider kein Geheimtipp mehr, und es wird auch hier Eintritt verlangt, jedoch nur ca. 15 Euro mit einem Freigetränk.

El Divino

Marina Botafoch, Ibiza-Stadt

Direkt am neuen Hafen Marina Botafoch in Ibiza-Stadt, gegenüber des alten Hafenviertels, auch hier tobt abends der Bär!
Der Tipp: von hier aus stilecht mit der clubeigenen Fähre übersetzen.
Einer der neueren Clubs der Insel, er wurde erst Anfang der 90er eröffnet. Von der Musik her meistens House, so bei den Parties Miss Moneypenny's, Hed Kandi und Defected und bei der italienischen Party Salvation. Montagabends gibt es sogar eine Hip-Hop-Nacht, wobei wir mit DJ Tomekk total enttäuscht wurden. Das El Divino ist auf jeden Fall eine lohnende Alternative oder Warm-up vor dem Pacha, das ganz in der Nähe liegt. Die Location ist nach wie vor einmalig: direkt am Wasser mit atemberaubendem Blick auf die beleuchtete Altstadt Ibizas und den Jachthafen mit seinen Luxusjachten. Wer sich hier einen der reservierten Plätze ergattert bzw. auserwählt wird, genießt die schönste Aussicht und die neidischsten Blicke.
Auch hier schwanken die Eintrittspreise zwischen 25 und 40 Euro Jedoch Gruppen von mehr als drei Personen bekommen die Taxikosten für die Anfahrt zurückerstattet – lasst euch vom Taxifahrer eine Quittung geben und zeigt diese an der Kasse vor!

Und nun zu einem wirklichen Original:
das Pacha Ibiza

Pacha Ibiza

Abadordo 330, Ibiza Town, Ibiza, 11.00–19.00 Uhr

In Ibiza-Stadt, gegenüber der Altstadt in der Nähe des neuen Hafens Marina Botafoch. Der erste der großen Clubs auf Ibiza, eröffnet 1973. Heute gibt es weltweit über 70 Pacha's.

Ein Spielplatz der Reichen und Promis, heute Ibizas international bekanntester Club, beliebt bei allen, die guten House hören wollen. Neben dem Hauptraum gibt es noch diverse Neben-Areas, in denen verschiedene Musikrichtungen gespielt werden, z.B. den Funkyroom von der Ibiza-Ikone Vaughn oder den Globalroom (für Inselkenner: das ehemalige Zenith!), in der eigene Parties veranstaltet werden. Das Pacha ist eine der wenigen Discos, die das ganze Jahr hindurch geöffnet haben (im Winter nur freitags und samstags). Im Sommer legen hier regelmäßig die ganz Großen auf: Erick Morillo, „one of the best parties of the island", Pete Tong, Darren Emerson, David Morales, Frankie Knuckles, Sasha und Deep Dish sowie die Ministry of Sound Party.

Es hat uns diverse Nächte im Pacha gekostet, bis wir all die kleinen Nebenräume und versteckten Ecken entdeckt haben. Trotz der gut 3000 Besucher, die das Pacha faßt, merkt man gar nicht, dass man sich in einem so großen Club befindet. Durch die geniale Dekoration und Aufteilung hat sich das Pacha seine gemütliche und intime Atmospähre erhalten. Eine wahre Ibiza-Erfahrung!

Beim Eintritt ist man zwischen 30 und 60 Euro dabei. Leider ist das Pacha, was die Getränkepreise angeht, auch der teuerste Club der Insel.

Amnesia

San Rafael, einer der legendären Clubs der Insel

Auf halber Strecke an der Hauptstraße zwischen Ibiza und Sant Antoní, in der Nähe des Dorfes San Rafael.

Die erste Open Air Disco Ibizas. Der Stoff, aus dem Legenden entstehen. In den 70ern eröffnet. Einer der ersten großen Clubs auf Ibiza – zunächst Open Air, aber aufgrund der strengen Lärmbelästigungsgesetze heutzutage sowohl drinnen als auch die Terrasse überdacht. Die Opening- und Closing-Parties sind auch bei den Einheimischen ein Muss, dann wird auf der Terrasse bis spät in den Nachmittag gefeiert!

Sehr variable Musikauswahl. Auf der berühmten Schaumparty – Espuma – steht der Schaum teilweise kopfhoch und höher. Es ist immer brechend voll! Andere Special-Nächte wie Cream und die deutsche Party Cocoon (Mit Sven Väth und Freunden! Guter Trance und fantastische Stimmung,

Bora Bora: Bereits mittags am Feiern und Tanzen

gleichermaßen beliebt bei Touris und Einheimischen!) bringen Top-DJs aus ganz Europa auf die Insel. Am Mittwochabend übernimmt die Gay-Szene mit La Troya den Club.

Innen gibt es Trancigeres zu hören, ein fantastisches Soundsystem und eine Lasershow garantieren sowohl Ohren- als auch Augenschmaus. Von Zeit zu Zeit wird die heiße Menge auf der Tanzfläche mit einem Schuss eiskalter Luft abgekühlt, exklusiv nur im Amnesia erwartet euch der Schock aus der Trockeneismaschine – ein irrer und völlig legaler Rausch!

Eintrittspreise von 30 und zu 50 Euro, Tel. 971/198041

Natürlich werdet ihr noch auf einige andere Clubs oder Diskotheken stoßen, dies waren nur die Highlights.

Unser Tipp, schaut euch so viel an, wie ihr könnt und möchtet …

Schnappt euch zu Beginn gleich einen Partykalender, auf dem die vielen verschiedenen Partys und DJs verzeichnet sind, sucht aus, wohin's gehen soll und lasst euch auf ein Abenteuer ein, dass ihr nicht vergessen werdet!

Ich jedenfalls werde diese Wochen nie vergessen!

LET'S GET ILL!

Wissenswertes

Camping

Wer mit dem Zelt reist, der sollte einen der drei Campingplätze in Es Cana wählen, und dabei auch gleich ein Auto mieten. Hier unser *Tipp:* Union Cars in Es Canar.

Geld

Es zeigt sich bei Reisen immer deutlicher, dass man sich auch als junger Mensch schnellstens eine Kreditkarte besorgen sollte, am besten bei der Hausbank des eigenen und des familieneigenen Kontos. Auf der Insel wird am liebsten mit VISA, Eurocard oder American Express bezahlt, auch für Disko-Eintritt oder in Kneipen.

Mit der guten alten EC-Karte und einer Geheimnummer kann man aus den Bankautomaten (auf der ganzen Insel verbreitet) bis zu 500 Euro ziehen.

Auf jeden Fall ist zu empfehlen, Kreditkarte oder Traveller-Cheques mitzunehmen; tatsächlich wird auf den Inseln eine Menge gestohlen und der Verlust dieser Papiere ist leichter zu verschmerzen. Die großen Agenturen (American Express und Wagons/Lits Cook etc.) haben auf den Inseln Büros, die im Notfall schnelle Hilfe leisten. Auch Euro-Cheques sind – im Gegensatz zum spanischen Festland – gängiges Zahlungsmittel. Die Schecks können auf einen Höchstbetrag von 150 Euro ausgestellt werden.

Telefon

Zunächst einmal die Vorwahl für Anrufe von Deutschland/Schweiz/Österreich nach Ibiza: 0034. Um von der Insel ins Ausland zu wählen, folgend vorgehen: 0049 für Deutschland und die jeweilige Ortsnetzkennzahl ohne die , „0".

Wichtige Nummer für Notfälle

Die Nummer für alle Fälle	091 (Polizei)
Krankheitsfälle Notruf ...	061
Taxiruf	971 30 70 00
Abgeschlepptes Auto	092
Flughafeninfo	971 80 90 00
Intern. Auskunft	025

Internetcafés

Centro Internet Eivissa: Avinguda Ignacío Wallis 39, Tel. 971/318161, www.centrointerneteivissa.com, Mo.–Sa. 10–23, So. 17–23 Uhr
SuperNet: Endlich mal eine tolle Idee: Waschsalon und Internet-Café in einem.
Passeig Juan Carlos I, gegenüber dem Pacha, Tel. 971/313479
Via Punica 49, ***www.chillibiza.com,*** Chilliges Ambiente und tolle Bagels

Die Trommler von der Cala Benirras auf Ibiza

Gesundheit

Die Balearen sind im allgemeinen sehr gut medizinisch versorgt. Und die meisten Ärzte auf Ibiza sprechen zumindest etwas Deutsch bzw. Englisch. Wenn eine ambulante Behandlung ansteht, empfiehlt es sich, einen Reiseleiter oder sonst „Eingeweihten" zu befragen, welchen Arzt er bevorzugen würde. Um eine kostenlose Behandlung zu bekommen, ist der internationale Krankenschein erforderlich. Er muss vor der Reise bei der eigenen Versicherung abgeholt werden. Zum Krankenschein lässt man sich das rote Merkblatt mit Adressen der spanischen Sozialversicherung geben. Da steht dann auch, wie vorzugehen ist, um ohne Kosten behandelt zu werden.

Wichtig! Medikamente müssen in der Regel bar bezahlt werden. Rechnungen aufheben und nach Rückkehr bei der Krankenversicherung zwecks Rückerstattung einreichen!

Deutsche Ärzte, die sich auf Ibiza und Formentera niedergelassen haben, findet man im Anzeigenteil von „Ibiza HEUTE", dabei wird man sehen, dass es inzwischen in fast jeder Fachrichtung einen entsprechenden deutschen Arzt gibt, seit es die Niederlassungsfreiheit in der EU gibt.

Reiseapotheke

In Spanien sind die (gleichen) Medikamente oft erheblich billiger als in Deutschland. Da auf den Pityusen genügend farmacias (Apotheken) – kenntlich an einem grünen Kreuz – bestehen, braucht man eigentlich nichts von zu Hause mitnehmen.

Auto mieten

Auf allen spanischen Ferieninseln herrscht in der Regel ein heißer Konkurrenzkampf bei den Autovermietern um den Kunden. Auf Ibiza findet man sowohl direkt am Flughafen als auch in den Ferienorten überall Hinweisschilder auf Mietwagenfirmen. Wir machen auf zwei der besten Möglichkeiten, das notwendige Urlaubsauto zu bekommen, aufmerksam. Aber selbst wer sich erst vor Ort darum kümmert, braucht keine Sorge haben, kein Auto zu bekommen. Nur gibt es Ende Juli und im August manches Mal einfach keine günstigen Wagen.

Die Preise:

Ford K, Seat Arosa	ca. 25 Euro
Seat Ibiza	ca. 30 Euro
Minibus 6 Personen	ca. 45 Euro

In den Hauptmonaten Juli und August sind die Preise um ca. 30 % höher. Diese Preise sind von unserem Lieblingsvermieter, der
UNION RENT A CAR, Edif. Riba. Es Cana, Santa Eulàlia (IBIZA), Tel. (0034) 971/330789, Fax (0034) 971/331934

Vorteile der UNION: Sie bringen das Fahrzeug an den Flughafen, hinterlegen dort den Schlüssel im Auto, das mit einem Namensschild gekennzeichnet ist. Die UNION ist ungefähr 40 % günstiger als direktes Anmieten am Flughafen. Es sei denn, man ist Kunde von …

Holiday Autos

Wer schon von zu Hause aus sein Auto klar machen möchte, fährt meist am einfachsten mit den Angeboten von HOLIDAY AUTOS, die *über die Reisebüros* zu mieten sind und pauschale Wochenkontrakte inklusive aller Versicherungen etc. beinhalten. HOLIDAY AUTOS haben eine Zentrale in München, Tel. 01805/179192 (0,12 €/min.), Fax 089/17919231 (Brunhildstr. 25, 80639 München). E-Mail: holi@holidayautos.de. **Internetanmietung: www.holidayautos.de**

Es ist sowohl vor Ort als auch von zu Hause aus sehr einfach, sich ein Auto zu besorgen. Man braucht lediglich den Führerschein; die größeren Vermieter erwarten eine Kreditkarte, aber viele kleine, die man in jedem Ferienort findet, akzeptieren auch ein Depot in Form eines Euroschecks.

Führerschein

Um ein Fahrzeug zu bekommen, ist lediglich der nationale Führerschein nötig. Allerdings gibt es Vermieter, die erst an Leute ab 21 Jahren vermieten. Doch diese Bedingung wird nur noch selten gestellt. Dagegen ist eine Kreditkarte unbedingt zu empfehlen, da man sonst oft eine Kaution hinterlegen muss.

Während der Siesta hat man die sonst menschenüberfüllte Altstadt fast für sich allein

Spaziergang und Sightseeing
Obere Altstadt

Gegenüber dem Marktplatz führt die Straße durch das alte Stadttor in den Teil der Altstadt unterhalb von Kathedrale und Castillo. Ein Spaziergang in diesem Teil von Ibiza sollte man am besten am Spätnachmittag machen, wenn die größte Hitze vorbei ist und das Aufsteigen durch die kleinen Gassen zur Kathedrale keine Mühe mehr macht. Das Pflaster der Straße ist teilweise so abgeschliffen, dass man Mühe hat, nicht die Balance zu verlieren.

Gleich hinter dem Stadttor rechts gibt es einen kleinen Laden, in dem man sich recht preisgünstig Sandalen maßschneidern lassen kann. In der Tordurchfahrt haben Hippies und sonstige Kleinkünstler Stände mit Schmuck und anderen handwerklichen Eigenprodukten aufgebaut. Ist man ganz oben unterhalb der Kathedrale angekommen, liegt dort eine Aussichtsterrasse, von der aus man einen weiten Blick über Ibiza und das Meer genießen kann. Hier gibt es auch eine kleine Kioskbar mit Erfrischungen und einem Imbiss zur Stärkung. Im Restaurant La Gaviota in der Calle de San Rafael gibt es natürlich Reichhaltigeres. Sehr geeignet, um diesen kleinen Spaziergang gemütlich ausklingen zu lassen.

Untere Altstadt

In diesem Viertel unterhalb der Stadtmauer merkt man so gut wie nichts mehr vom üblichen Trubel der Stadt. Man erreicht es durch die Calle de Sta. Lucía, rund hundert Meter oberhalb der Markthalle. Während der Siesta fühlt man sich ins tiefste Spanien versetzt. Leute dösen auf den Balkonen, eine Großmutter schützt sich hinter der Tür vor der Sonne. Unterhalb der Calle Florida Blanca ein kleiner Hof mit Steinbänken. Drumherum weiß getünchte Häuschen. Hinter sanft wehenden Türvorhängen leise Stimmen. Auf den Stufen schlafende Hunde und Katzen. Ein kleiner Junge tanzt zu Flamencomusik aus dem Kofferradio.

Die Kathedrale und Kirchen

Die Ibizenkos sind und waren ein gläubiges Völkchen. Und so haben sie seit dem 14. Jahrhundert eine überragende Kathedrale, die in ihrer

Mischung aus den Jahrhunderten (die Rekonstruktion stammt aus dem 18. Jahrhundert) fast schon skurril wirkt. Kurios: Sie ist der Jungfrau des Schnees gewidmet; ungeachtet der Tatsache, dass es auf Ibiza nie schneit. Als Endpunkt einer Stadtwanderung jedenfalls lohnt sich der Blick in die heilige Stätte. Noch typischer für die Religiosität der Ibizenkos sind die weißen kubischen Kirchen, die über die ganze Insel verteilt sind. Immer gut als Ruhepunkte bei einer Inselrundfahrt, zumal sie sehr schöne, gepflegte und schattige Vorhöfe besitzen. Es gibt im kleinen Tourist-Büro ein eigenes Flugblatt mit den Standorten; wir lieben am meisten die Kirchen von St. Carlos und St. Miguel.

Cova Santa

Nur ein Spaß, wenn man nicht schon alle großen Höhlen der Welt gesehen hat. Die Cova Santa, zwischen Ibiza-Stadt und San José gelegen, ist die größte natürliche Höhle der Insel und voll mit phantastischen Tropfsteinen. Ein kühler Kontrast zu der Hitze des Tages. Führungen von 9.30 bis 19 Uhr für 4 Euro.

Las-Dalias-Markt

Das Las Dalias ist ein merkwürdiger Komplex zwischen Kneipe, In-Treff, bürgerlichem Restaurant und beliebtem Off-Hippie-Markt (samstags). Und jener lohnt auch den Ausflug nach San Carlos, einer kleinen Aussteigergemeinde hinter Santa Eulàlia. Beim Markt in Las Dalias ist alles echter, unverbrauchter und intimer als beim großen Hippie-Markt. Aber die Waren sind sehr ähnlich. Trotzdem sollte ein Ferien-Samstag (teilweise) den Leuten von Las Dalias gehören, wenn man rechtzeitig hoch kommt von der Freitagnacht. Das Space ist bei Party-Laune in jedem Fall vorzuziehen.

Museen

Das Gebäude ist zwar ausgesprochen hässlich, der „Inhalt" des neuen Archäologischen Museums der Stadt gilt Freunden der punischen Kunst als weltweit einmalig. Der Bau – seit 1988 in Betrieb – liegt am Puig des

Molins mit der freigelegten Nekropole. Zu sehen sind Büsten, Götter-Abbildungen (Bes hieß der Chefgott) und Tonarbeiten. Alles sehr beeindruckend, aber leider nur spanisch beschriftet. Dieses Museum hat zu den selben Zeiten auf wie das kleine Museum neben der Kathedrale, in dem ebenfalls Stücke der punischen Zeit zu sehen sind.

Archäologisches Museum Dalt Vila
Plaza de la Catedral. Von 9–13 und 16–19 Uhr.

Museum der Gegenwartskunst
Dalt Vila, im „Sala de Armas", an der Festungsmauer.
Hier gibt's auch regelmäßig Vernissagen, die wegen des reichlich fließenden Landweins bei Gästen wie Einheimischen beliebt sind. Guter Treff, auch für Touristen. Aktuelle Daten in der Zeitung oder direkt beim Museum. Zum Teil echt starke aktuelle Kunst.

Kirchenmuseum
Plaza de la Catedral, 10–13 Uhr.

Feste und Feiertage

Wie auf dem spanischen Festland gibt es auch auf Ibiza und Formentera unzählige Feste und Feiertage. Der Anlass der meisten Feste ist ein religiöser, jedes Dorf hat irgendeinen Schutzheiligen, der gefeiert werden muss. Dazu kommen die üblichen Kirchenfeiertage. Von den heiligen Anlässen muss man sich allerdings nicht abschrecken lassen. Die Bewohner halten es hier wie ihre Landsleute auf dem spanischen Festland: Sind die Prozessionen erst einmal vorbei, geht man zu profaneren Freuden über. Alle Heiligenfeste haben zugleich auch Volksfestcharakter. Es wird getanzt und musiziert, den Spezialitäten aus Küche und Keller wird munter zugesprochen. Vor allem in den Orten des Inselinnern von Ibiza wird dabei auch altes Brauchtum gepflegt. Beispielsweise in San Miguel und San José. Die Musik und die Tänze haben dort teilweise ihren ursprünglichen Charakter bewahrt, auch an den Trachten, die bei diesen Gelegenheiten

Croissant Show: Ein Muss nach jedem Stadtbummel

Ibizas Altstadt

gerne getragen werden, ist ein arabischer Einfluss zu erkennen. Die ansonsten sich eher etwas zurückhaltenden Ibizenkos erlebt man auf ihren Festen in ausgelassener Stimmung. Und das ohne ein Ende als Schnaps- oder Bierleiche, wie man das von zu Hause gewohnt ist. Das fällt einem Fremden auf. Hier reicht allein schon die Musik aus, zu der Männer und Frauen gemeinsam tanzen, um in Hochstimmung zu kommen.

Festtagsdaten auf Ibiza

17. Januar	Sant Antoní Abad: Patronatsfest mit Volksfestcharakter
12. Februar	Santo Eulalia: ebenfalls Patronatsfest.
19. März	San José: Hier wird der heilige Josef mit Pauken und Trompeten gefeiert. In San José weiß man besonders gut zu feiern.
Erster Maisonntag	Santa Eulalia: Das Blumenfest (Fiesta de la Flor) sollte man sich nicht entgehen lassen.
24. Juni	San Juan Bautista: Patronatsfest mit Volkstänzen.
16. Juli	Ibiza und Sant Antoní: Fiestas de Carmen, Volksfest mit Wettkämpfen.
25. Juli	Überall wird das Santiago-Fest zu Ehren des Schutzheiligen aller Spanier gefeiert.
5.–8. August	Für die Ibizenkos eines der wichtigsten Feste: Patronatsfest der heiligen Maria de Las Nieves. Sport und Spiel, Tänze, Umzüge und Feuerwerk.
24. August	Sant Antoní: Volksfest.
29. September	San Juan Bautista: Patronatsfest mit Folklore.
1. November	Allerheiligen.

Folk in San Miguel
Wer sich speziell für Volkstänze und die entsprechende Musik interessiert, der kann eine Veranstaltung besuchen, die regelmäßig jeden Donnerstag am Nachmittag (18 Uhr) in San Miguel stattfindet. Auf dem Vorhof der Kirche kann man für einige Euro. stampfenden und Röcke schwingenden Ibizenkos den Takt klatschen. Abfahrtszeiten der Busse nach San Miguel zu diesen Aufführungen erfährt man im Touristik-Info-Büro in Ibiza-Stadt.

Strände

Den *Strand von Talamanca* erreicht man am schnellsten. Regelmäßig fährt eine kleine Fähre für einen Spottpreis vom Hafen aus hinüber. Zurück fährt die letzte um 21:30 Uhr. Der Hauptstrand von Talamanca hat nicht den besten Ruf. Das Wasser ist ziemlich seicht und nicht ganz abwasserfrei. Man spaziert besser noch ein Stück weiter zum Leuchtturm Botafoch, wo das Wasser sichtlich klarer ist. Nach einem Stück Steilküste in Richtung Santa Eulalia liegen zwei kleinere Buchten, die etwas weniger frequentiert sind und einladender wirken. Die eine liegt an der *Punta de La Cals*, die andere ist die *Cala Es Pont Foradat*.

Der Strand von **Figueretas** ist der typische Stadtstrand von Ibiza mit dementsprechenden Vorzeichen. Das Wasser soll auch hier nicht von zweifelsfreier Qualität sein. Aber wer von Formentera einen Ausflug nach Ibiza-Stadt macht, wird sich kaum für die hiesigen Strände interessieren.

Platja d'en Bossa

Der Rummelstrand, aber auch hier gilt: Die Augen essen mit! Was für Körper; welche Leistung in Fitness-Studios ging da voran. Wer sich nicht ganz oben bedienen will (und an Las Salinas sitzt), hat hier die breiteste Auswahl. Coca Beach, nach dem Duft so benannt, liegt im Zentrum und bietet genügend Anregungen für das Nachtleben. Es gibt eine gute, *vom Pacha betriebene Strandbar*, die den ganzen Tag heiße Musik spielt.

Ein weiterer Tipp: Der Strand in Portinatx im Norden der Insel

Benirras Strandbar Roc y Mar

Cala Benirras: Alter Hippie-Strand

Playa Las Salinas

(... wo man sich die Augen rausguckt und Techno im Sand tanzt)

Unterhalb des Flughafens und der Salinen (Salzgewinnung). Treffpunkt auch der Einheimischen an ihren freien Tagen. Weil nur mühsam zu erreichen, noch nicht allzu überlaufen. Zwar gibt's Busverkehr ab Ibiza-Stadt, ist vielen trotzdem zu viel. Der Strand lohnt sich: schönste Männer und noch schönere Frauen, oft sehr nackt. Sand und flacher Wasserzugang, Dünen. Tummelplatz für Freiluftspiele. Es gibt Liegestühle en masse und Duschen gegen Gebühr. Und es gibt die berühmten Strandbars *Malibu* (die schickste und diejenige, an der man sich den reichen Ibiza-Ritt angeln kann), *Jockey Club* (auch ganz gut als Nachtclub!), *Guarana* und mit den heißesten Technoklängen: *Sa Trincha*.

Der ganze Strand ist gut ausgeschildert, am besten man fährt bis zum Ende der Straße und parkt vor den beiden vorgelagerten Restaurants. Wer zum Party-Platz rund um Sa Trincha will, sollte am Kreisverkehr dem Schild zum Jockey Club folgen und auf dem großen Parkplatz dort parken.

Es Cavallet

Der Nacktbadestrand, wo Ibiza so ist, wie es sich der gepflegte RTL-2-Seher vorstellt. Alles sehr warm, wunderbare Dünenlandschaft und das schärfste Strand-Restaurant der Insel: *El Chiringuito*. Kein anderes Haus ist bei jungen Menschen, die sich zeigen wollen, beliebter. Bierbäuche sollten Abstand halten. Wer sich zu den Gays zählt, findet frischen Fisch in der eigenen Strandbar namens *Chiringay*, am Ende des Strandes (die anderen natürlich auch, nur müssen sich die nicht wundern, wenn sie komisch angeschaut werden).

Playa Cala d'Hort

Hat was für sich, diese fast versteckte Ecke, die man nur motorisiert erreicht. Dieser nur 70 Meter lange Sandstrand liegt so malerisch und natürlich (keine Siedlungen bislang), dass man sich weit weg dünkt. Man erreicht die Cala (Hinweistafeln auf die zwei dort ansässigen genialen Strandrestaurants *El Carmen* und *El Boldado*, der beste Spanier der Insel für Paella) über die Cala Vadella auf gut befahrbaren Schotterwegen.

Cala Bassa

Das hübscheste Fleckchen am stark bevölkerten Gebiet um Sant Antoní. Leider in der Saison hoffnungslos überfüllt, deshalb nur ein Tipp, wenn nicht gerade Juli/August ist. Drei Restaurants ohne Pfiff. Zum Baden übrigens ist die Cala Bassa unübertroffen. Das Wasser hier dürfte das beste der Insel sein und man kann schön weit heraus laufen. Abends dann, wenn die Sonne untergeht, begibt man sich in das legendäre *Café del Mar* (liegt direkt hinter dem Hafen von Sant Antoní), wo man den Sonnenuntergang bei eigener Musik begeistert bejubelt. Links und rechts vom Café del Mar haben sich mehrere andere gut gelaunte In-Plätze eingerichtet. Aber für unsere Leser nur das beste, das echte, das wahre Café del Mar.

Cala Conta

Zu erreichen über die Fährboote ab Sant Antoní und mit dem Auto. Sehr jung, viele englische Gäste und sehr gut zum Anmachen. Heiße Musik von den Strandbars.

Cala Boix

Ein bisschen unser Liebling, obwohl schwer zu erreichen (nur mit Auto/Fahrzeug) und gerade mal 80 Meter lang. Der Strand ist grobsandig (angenehm) und der Zugang zum Wasser leicht. Außerdem gibt es angenehme Leute, unter anderem Residenten (d.h. die ausgewanderten Mitteleuropäer) der originellen Orte um San Carlos. Hinweisschilder, auch auf die zwei Restaurants (*La Noria* ist unser Favorit) oberhalb des Strandes.

Cala Xarraca

Noch ein Top im Norden der Insel. Obwohl selbst dieser Teil inzwischen in der Saison recht überlaufen ist, bleibt die Cala Xarraca ganz originell und abgeschieden. Die Strandbar vermittelt urtümliches Flair. Das Ganze ist klein und schmal: schwerer, steindurchsetzter Sand, aber romantische Atmosphäre mit Blick auf das kristallklare Wasser.

Cala Benirras

Der alte Hippie-Strand – inzwischen gut erschlossen und mit drei brauchbaren Strandbars versehen. Bekannt heute für die Trommel-Parties der Benidrums, die sich dort vor allem an Tagen (Nächten) mit Vollmond treffen. Man isst einfach, aber bodenständig im **Benirras** oder dem *„2000"*, getrommelt und getrunken wird in der Strandbar **Roc y Mar**. Auf den Karten ist übrigens ein direkter Weg von Benirras nach Port de San Miguel eingezeichnet und dieser Weg ist ab Benirras auch ausgeschildert …, vergesst es! Eine katastrophale Schotterstraße, gefährlich steil und so ausgewaschen, dass man diese selbst Mietautos nicht zumuten darf. Und schneller ist der Weg über St. Miguel auch noch.

Aguas Blancas
Dieser Strandabschnitt ist offiziell als Nacktbadestrand frei gegeben. Treffpunkt der (fertigen) Aussteiger, enger Strand mit einigen heruntergekommenen Strandbars.

Sport und aktives Leben

Es gibt über die Insel verteilt einige **WINDSURF-Stationen,** aber die Sportart selbst hat Ibiza nicht unbedingt als großen Spot entdeckt, dazu fehlen die Winde. Für Anfänger ist dies vielleicht ein Glück, denn sie können erst einmal lernen, wie man das Brett ausbalanciert. Windsurfstationen sind ausgeschildert z.B. am Strand Platja d'en Bossa, am Hauptstrand von Sant Antoní, im Norden beim Club Portinax und der Playa d'es Cana.

Die **Bikerszene** dürfte Ibiza ebenfalls nicht zum Traumspot erheben. Dazu fehlen die größeren Berge, auch wenn der Anfänger vielleicht auf den Nebenstrecken schon ganz schön ins Schwitzen kommt. Da immer noch sehr viele Nebenwege nicht ausgebaut sind, kann man an vielen Stellen von der Asphaltpiste weg und auf den geliebten holprigen Straßen fahren. Die frühere Radfahrerinsel Formentera ist schließlich 20 Fährminuten entfernt und man kann ja dann dort noch eine kleine Runde drehen. Für einen wirklichen Bike-Urlaub können wir Ibiza aber nicht empfehlen.

Obwohl die Leute von Mallorca inzwischen die **Golfszene** in Europa beherrschen, und Mallorca immer ein bisschen touristisches Vorbild für Ibiza ist, weigern sich die Menschen der Insel standhaft, mehr als den jetzt

Schriftsteller und Ibiza-Kenner: Manfred Klemann im Café del Mar

einen Golfplatz zwischen St. Eulalia und Jesús zuzulassen. Es gibt einen wohl schon genehmigten Plan im Norden, aber der verzögert sich Jahr um Jahr, weil starke Widerstände des Naturschutzes herrschen. Also so richtig golfig geht es nicht zu; der eine Platz ist mittelschwer, das Clubhaus ein Treffpunkt der Düsseldorfer auf Ibiza mit ordentlicher kleiner Küche. Mietschläger und Spielmöglichkeit mit Clubausweis für 50 Euro.

Wandern ist natürlich möglich, wer soll das verbieten, aber nicht unser Thema in diesem Buch. Dafür gibt es Berufenere, etwa ein Hans Losse, der ein Buch über Wandern auf Ibiza und Formentera geschrieben hat (Sunflower Books, in deutsch), das auf der Insel zu kaufen ist. Wer seinen Rucksack schnüren will, sollte sich das Werk besorgen.

Go-Kart ist da schon eher etwas, was unsere Leser vielleicht begeistern kann. Und es gibt zwei sehr gepflegte und recht schnelle Bahnen, die sich einmal bei Ca'n Furnet auf dem Weg Ibiza-St. Eulalia und einmal kurz vor Sant Antoní befinden. Da kann man sich schon mal einen Abend vergnügt aufhalten. Die Preise liegen bei 10 Euro, also ganz vernünftig. Hier werden unsere grünen Freunde ein bisschen verzweifeln, aber es ist doch alles halb so schlimm, klar, dass wir ökologisch denken, aber einmal im Leben muss man auch mit dem Wassergleiter reiten. Es gibt mehrere Stellen, wo man die schnellen Flitzer ausleihen kann: An der Playa d'en Bossa, an der Cala Vedella, an der Cala Bassa, beim Deportes Nautico, beim La Siesta.

Casino de Ibiza

Wer eine Handvoll Euros übrig hat, kann sich in der Sala de Fiestas oder im Restaurant vergnügen. Im Spielsaal wird so ziemlich jedes Glücksspiel angeboten, z. B. Ruleta Francesa, Black Jack, Ruleta Americana, Boule oder Bacarra. Die Kleidung sollte korrekt sein, braucht aber keinen Schlips oder Jackett. Die Angestellten in diesem Casino sind sehr flinke Abzocker. Die Spiele werden sehr schnell abgewickelt und dein Geld ist ebenso flink in den Kassen des spanischen Staates (der immerhin 90 % kassiert; man fördert also die Nation!)

Das Spielcasino liegt am Paseo Maritimo in Richtung Talamanca, Tel. 971/304850. Werktags 21–04 Uhr, an Festtagen 21–05 Uhr.

Einkaufsbummel
Mode

Die meisten Boutiquen und viele interessante Läden mit Schmuck, Lederwaren oder Antiquitäten gibt es in der Calle Mayor und in der Calle de la Verge. Sie sind normalerweise von 9–14 und von 16–20 Uhr geöffnet. Ein Bummel durch diese beiden Gassen und ihre nähere Umgebung lässt das Herz von Shopping höher schlagen. Schließlich ist die Mode, die man in den Läden von Dora Herbst und anderen Flitter-Göttinnen hängen sieht, in der einschlägigen Welt ein Begriff. „Dora" direkt im Sporthafen Marina Botafoch in der Nähe des Restaurants Giardinetto sollte man sich wenigstens mal ansehen, denn kaufen ist bei den Preisen für die meisten nicht drin. Wer am altehrwürdigen Montesol vorbei schlendert und die Straße weiterläuft, in der sich auch das Straßencafé des Hotels befindet, wird rechterhand ein paar richtig schicke Mode- und Schuhläden finden. Genauer gesagt, man könnte sich während der folgenden zweihundert Meter komplett ruinieren.

Phantasievolle Hüte und Mode in Blumenmustern bietet „Paulas" in der Calle de la Virgen 4. Wer noch etwas für die Nacht braucht, dürfte etwas Passendes finden. Und hier kriegen auch Mädels etwas, die keine 100 Euro für „einen Hauch von Nichts" ausgeben wollen: „Mango", Eingänge am Carrer Lluis Tur i Palau 14 und am Carrer Sa Creu 30.
Hier gibt's Ausgeflipptes: „Deccadence" (Bisba Azara 3) und „Graffiti" (C/. Conde Resselló 14). Schickes und nicht allzu Teures für beide Geschlechter bietet „Desigual" (Carrer Barcelona 5, Zugang auch von der Hafenstraße möglich).

Nach wie vor ist Ibiza ein echter Trendsetter der Mode. Was man hier und heute kaufst, wird in einem Jahr in München und in drei Jahren in Singen aktuell. Dabei sollte aber nur der Besuch in einem der Hauptläden angesagt sein. Die normalen Boutiquen in den Feriengebieten sind eher sogar hinter der Zeit.

Schmuck

Die Schmuckläden, beispielsweise „Pylbys", Calle Mayor 28, haben einen ähnlich gewichtigen Ruf in den Reihen der gutbetuchten (und das sind doch offensichtlich einige, wenn man mal durch die Eingangstüren linst) Ibiza-Freunde. Rucksack-Leutchen können sich da nur die Nasen an den Scheiben plattdrücken. Für sie ist der kleine Hippie-Markt mit Schmuck und anderer Kleinkunst um die Ecke wohl der geeignetere Platz, sich ein bisschen Geglitzer für die Nacht zuzulegen. Die geschickten Handarbeiter bauen ihre Stände immer erst gegen Abend in der Calle de Olozaga und ihrer Verbindung zur Calle Mayor auf. Die Preise für die manchmal nicht mal selbst gefertigten Waren sind oft gesalzen.

Einkaufszentrum

Das größte Einkaufszentrum der Gruppe „Hiper" liegt an der Straße Ibiza–Sant Antoní bei km 3,7. Ein großer Supermarkt mit Bar, Boutiquen, Frischtheken etc. Gedacht für die Selbstversorger und etwas billiger als die normalen Supermercados. Trotzdem noch recht provinziell. Das Beste am Hiper Centro ist, dass es täglich bis 22 Uhr geöffnet ist.

Hippie-Märkte

Ja, es gibt sie noch, und der Markt bei San Carles – Las Dalias genannt – ist sogar ein toller Treff interessanter Menschen. Hier bekommt man alles, was früher die Blumenkinder liebten, und auch, was heute die Kinder so für die Nächte brauchen (jeden Samstag von 10–19 Uhr). Am Mittwoch gibt es in Es Canar den noch größeren, allerdings weit kommerzielleren Markt (geöffnet von April bis Oktober jeden Mittwoch von 10–19 Uhr). In Ibiza-Stadt gibt es im Marina-Viertel ebenfalls einen Markt, hauptsächlich aber Schmuckstände (von April bis Oktober jeden Abend). Übrigens: Wer von Formentera kommt, wird manches bekannte Gesicht, das er am Abend noch in Pepes Fonda gesehen hat, in einer der Buden wieder entdecken.

Allgemeine Infos

Notrufnummern: Polizei, Rettung, Feuerwehr: 112
Bei Einbruch oder Diebstahl: 091
Bei Verkehrsunfällen: 092
Guardia Civil, 971/322022

Apotheken
Mari Tur, Paseo Vara de Rey 22, Tel. 971/300439
Puget, Plaza Constitución 1, Tel. 971/301163
Villangomez, Anibal 4, Tel. 971/301136

Ärztliche Hilfe
Notarztdienst: Paseo Vara de Rey 18, Tel. 971/30131
Klinik: Avenida España, Tel. 971/301152
Poliklinik: (Ntra. Sra. del Rosario), Via Romana, Tel. 971/301916
Erste Hilfe des Roten Kreuzes: Tel. 971/301214
Hospital Can Misses: 971/397000

Bootsverkehr
Von der kleinen Schiffsanlegestelle an der Calle Molins de Rey fahren
jeden Tag Boote ab: Nach Formentera um 9.30 Uhr, Rückfahrt von
Formentera 17 Uhr. Die Fahrt kostet hin und zurück 3 Euro. Ein anderes
Boot fährt regelmäßig von 9.30 Uhr bis 19 Uhr zur Cala Pada, ein Boot
zur Cala Llonga.

Bürgermeisteramt
Das Rathaus steht an der Plaza España 1, Tel. 971/301150.

Fähren und Disko-Busse
Dank der Touristen hat sich dieses Thema, früher ein reiner Horror, sehr
sehr gut entwickelt. Ähnlich wie in der Mode, wo die Ibizenkos vor zwei
Jahrzehnten noch Baströckchen trugen und heute dank des täglichen

Modeschocks zu den bestgekleidetsten Spaniern zählen, gehören sie heute auch zu den Leuten, die im Nahverkehr und in der Verbindung zur Inselwelt absolut versorgt sind. Das geht soweit, dass man während der Saison dank der Disko-Busse, die die ganze Nacht durchfahren, fast überall mit öffentlichen Verkehrsmitteln hinkommt. Es gibt einen sehr ausführlichen Fahrplan im Tourismusbüro und auch in den Hotels, aber ganz aktuell sind die Zeiten in den beiden Inselzeitungen abgedruckt.

Busse auf der Strecke werden übrigens abgewunken, also wenn man unterwegs irgendwo einsteigen will und ein Bus nähert sich, kräftig winken.

Talamanca-Fähren
Zeiten: Von Ibiza nach Talamanca 7–24 Uhr, Preis: 2 Euro.

Informationsbüro
Paseo de los Andenes (gegenüber dem Hafengebäude, Tel. 971/301900 Im Flughafen gibt es ebenfalls einen Touristik-Info-Stand).

Fast schon merkwürdig bescheiden, um nicht zu sagen klein, ist das zentrale Auskunftsbüro der Inselregierung, obwohl ja eigentlich das meiste Geld mit dem Tourismus verdient wird. Dieses Büro liegt in der Straße Antoni Riquer 2, gegenüber dem Hafengebäude und dem Denkmal „de los Corsarios". Das beste, was es dort gibt, sind die Unterkunftslisten und ein Stadtplan, den wir auch in diesem Buch abdrucken.

Internet
www.ibiza-hotels.com
www.ibiza-spotlight.de
www.ibizanet.com
www.ibiza-online.com
www.ibiza-magazine.com

Konsulat
Einen netten Job hat sicher der Honorarkonsul Deutschlands, der morgens von 9 bis 12 Uhr anzutreffen ist. Das nächste österreichische bzw. schweizerische Konsulat befindet sich in Palma de Mallorca.

Märkte

Der normale Obst- und Gemüsemarkt ist unterhalb des alten Stadttores, das in die Oberstadt führt, an der Calle Maestro Mayans. Der Markt ist nicht sehr groß. Wer mehr Auswahl will, muss sich zum Mercado Nuevo begeben. Er liegt recht weit weg an der Calle Extremadura, einer Seitenstraße der Avenida Espana.

Markt am Samstag:Zum Leben erweckt wird Las Dalias vor allem auch samstags, wenn dort der alternative Hippie-Markt läuft. Es sollen echtere sein als in Es Caná, die hier anbieten. Aber wenn man genau schaut, sind doch viele hüben wie drüben aktiv. Zumindest das Ambiente und der Stil in Las Dalias ist romantischer und echter. Also lohnt sich unbedingt der Ausflug hierher. Es gibt in etwa die gleichen Sachen wie auf dem Markt in Es Canar, allerdings günstiger und vor allem nicht in einer so erdrük-kenden Enge. In der Mitte ist eine große Saftbar aufgebaut, die sich den höchsten Umsatz eines Tages erzielt.

Presse

Die Tageszeitung, welche die wichtigsten Informationen über Schiffs-fahrpläne, Buszeiten und verschiedene Dienste enthält, ist der Diario de Ibiza. Jeden Donnerstag bietet der Diario eine deutschsprachige Beilage (Via Púnica 2, Tel. 971/301614).

Eine deutschsprachige Inselzeitung gibt es auch: „Ibiza HEUTE". Er-scheint allerdings nur zweimal im Monat. Was sonst so los ist, erfährt man im zweisprachigen Kulturmagazin „Insel" samt Veranstaltungskalender.

Polizei

Policía Municipal, die Stadtpolizei, Vicente Serra, Tel. 971/315861
Policía Nacional, Avda. de la Paz, Tel. 971/305313
Achtung! Diese Polizeistelle ist für Diebstahlsmeldungen zuständig!

Post

Avda. Isidor Macabich, 76, täglich 8.30–20 Uhr
Calle Madrid, Tel. 971/311389, geöffnet von 9–14 Uhr
Briefmarken gibt's auch in Tabakgeschäften!

1	Zourismus-Info		Museum	15	Hafen
2	Inselparlament	9	Museum der	16	Hafen
3	Rathaus		Gegenwartskunst	17	Bibliothek
4	Polizeistation	10	Kirchen	18	Markt
5	Krankenhaus	11	Bushaltestellen	19	Sehenswürdigkeiten
6	Rotes Kreuz	12	Taxis		
7	Post	13	Telefonkabine		
8	Archäologisches	14	Kathedrale		

Reinigung

Wer Jeans und T-Shirts vor der großen Sause nochmal auffrischen will, kann das in der Tintoreria Quilis, Ecke Punica/Guipuzcoa erledigen.

Taxi

Die Hauptstandplätze sind der Paseo Vara de Rey, Tel. 971/301794, und der Taxistand direkt gegenüber der Estación Maritima. Eine weitere Station gibt es in Figueretas, Calle Alava, Tel. 971/301676. Alle Taxis sollten mit Taxametern ausgestattet sein. Besser aber doch vorher den ungefähren Preis – allerdings nur bei längeren Fahrten – aushandeln.

Toiletten

Entgegen anderer Behauptungen gibt es in Ibiza-Stadt doch eine öffentliche Toilette (eseos). Sie liegt direkt unter der Auffahrt zum alten Stadttor gegenüber dem Markt. Hier kann man auch Obst waschen, das man auf dem Markt gekauft hat. Eine andere gute „Station" ist die Estación Maritima. Unten in der Cafeteria und oben beim Restaurant gibt es Toiletten mit Waschgelegenheiten.

Ibiza – Durchschn. Temp. (°C)

Klima	April	Mai	Juni	Juli	Aug.	Sept.	Okt.
Tag	19	22	26	29	29	27	23
Nacht	10	13	17	20	20	18	14
Wasser	15	17	21	24	25	24	21
Sonnenstunden	7	9	10	11	11	8	6
Regentage	3	3	2	1	3	3	6

Aktuelles Wetter auf www.wetter.com!

Und wer noch mehr von Ibiza sehen möchte, sollte sich einen Ausflug in den Süden der Insel nicht entgehen lassen.

Sant Antoní Abad

Zwei Umständen ist es zu verdanken, dass Sant Antoní Abad nach Ibiza-Stadt die zweitwichtigste Metropole der Insel ist. Einmal seinem Naturhafen in der weiten Bucht (der zweitgrößte der Insel nach Ibiza), zweitens seinen guten Stränden in Stadtnähe, die sich bei den Touristen besonderer Beliebtheit erfreuen.

Der Stadtstrand ist familiengeeignet, weil er sehr sanft ins Meer abfällt und es keine unberechenbaren Tiefen gibt. Ein Paradies für Nichtschwimmer und planschende Kinder. Vor allem bei Reisenden aus dem nebligen England war Sant Antoní Abad als Urlaubsziel schon vor Ibiza-Stadt ein Begriff. Die Engländer prägen noch heute in erster Linie das Bild in den Straßen. Während es diese und sonstige sonnenhungrige Europäer unserer Tage auf die Strände abgesehen haben, lagen den Römern in erster Linie die natürlichen Gegebenheiten für einen Hafen am Herzen. „Portus Magnus" (großer Hafen) nannten sie ihn. Später entwickelte sich Sant Antoní Abad zu einem bedeutenden Fischereihafen. Heute führen die Fischerboote allerdings nur noch ein Schattendasein neben den Yachten der modernen Freizeitkapitäne und den vielen Booten, die auf Kundschaft warten, um diese zu den entfernteren Badebuchten zu schaukeln.

Sant Antoní selbst hat rund 15000 „Ureinwohner", der ganze Kreis mit San Rafael, Santa Inés und San Mateo rund 18000. Diese Zahlen besagen allerdings so gut wie nichts, denn die Touristenscharen, die sich in Hotels, Hostales, Clubs und sonstigen Unterkünften zusammendrängen, lassen den ehemals idyllischen Fischerort mittlerweile aus den Nähten platzen. Es wird gebaut und gebaut, den anstürmenden Massen wird man trotzdem nicht gerecht. Neben Hotels und Pensionen entstanden Vergnügungsstätten aller Art: Kneipen, Restaurants, Bars, Nachtlokale und Diskotheken gibt es in Hülle und Fülle. Hier spezielle Lokalitäten aufzuführen (bis auf die unvergänglichen Highlights) wäre ein unsinniges Unterfangen.

Hafenpromenade Sant Antoni Abad

Der Hafen von Sant Antoni Abad

Bootsausflug

Für jeden Geschmack gibt es mehrere Auswahlmöglichkeiten. Das Publikum ist international. Vor allem die unternehmungslustige Jugend gibt sich ein Stelldichein. Es ist schon nichts Außergewöhnliches mehr, dass die Leute in Ibiza-Stadt sich am Abend nach Sant Antoní Abad aufmachen, weil in den Diskos angeblich noch mehr los sei. Wenn man den Trubel von Ibiza erlebt hat, will das etwas heißen.

Daraus ergibt sich folgendes Fazit: Während Ibiza-Stadt wenigstens noch so etwas wie eine Altstadt mit gemütlichen Ecken und reizvollen Ausblicken erhalten hat, wohin man sich notfalls zurückziehen kann, triumphiert in Sant Antoní der Herzschlag des modernen Tourismus mit all seinen „vergnüglichen" Vorzeichen. Wer unter Urlaubsentspannung oder -erholung das Aufdrehen bis über die Reizschwelle versteht, liegt in Sant Antoní Abad richtig, sei's auf dem Tanz-Quadrat einer Disko, im Bett eines Superhotels, im Doppelbett einer Billigunterkunft oder auf dem Handtuch am Strandgrill.

Unterkunft

Unterkünfte gibt es in Sant Antoní Abad in allen Preiskategorien. Vom First-Class-Hotel bis zur billigsten Absteige in einer Pension. Wer nicht gebucht hat und kurzfristig unterkommen will, kann es bei folgenden Adressen versuchen:

Dinemarca, Tel. 971/341045, Calle Progresso 48. Das beliebteste Haus bei jungen Gästen, die spontan in den Ort kommen. Am besten vorher anrufen, denn das Dinemarca ist oft überfüllt.

Llevant, Tel. 971/340134, Ramón y Cajal 9, 57 Zimmer.

Colina, Tel. 971/346677, Balanzat 13, über 30 Zimmer.

Campingplätze

Auf dem Gemeindegebiet von Sant Antoní liegt einer der insgesamt drei offiziellen Campingplätze der Insel. Dabei ist der unten genannte Cala Bassa der beliebteste und beste; aber in der Saison mit großer Sicherheit überfüllt.

Cala Bassa

Genannt nach der nahen und schönsten Badebucht von Sant Antoní, von dort mit einem regen Bootsverkehr zu erreichen. Schattige Plätze, recht saubere Sanitäranlagen und reges Nachtleben. Nur mit fahrbarem Untersatz zu empfehlen, da abgelegen. Für Person/Zelt/Auto muss jeweils ca. 6 Euro hingeblättert werden.

Essen und Trinken

Erstaunlicherweise gibt's in Sant Antoní einige nette Lokale, in denen man sogar korrekt bis sehr gut behandelt wird. Im großen und ganzen aber, das ist ja klar, herrscht touristisches Normalniveau, wie es in allen großen Touristen-Zentren der spanischen Ferienwelt zu finden ist. Fünf Ess-Tipps, für die wir uns im Moment verbürgen:

Rias Baixes

Der mit Abstand beste Spanier (besser: Baske) in der Stadt. Immer frisches Material wird zu edlen Speisen verarbeitet, die mit zum besten der ganzen Insel gehören. Die Meeresfrüchte sind sogar kulinarische Spitze. In der kleinen Gasse Ignazio Riquer 4, mitten in der Altstadt. Lassen Sie sich übrigens vom eher gewöhnlichen Interieur nicht irritieren. Es schmeckt vorzüglich.

Bel Sito

Was ja soviel heißen mag wie guter Platz. Stimmt und wir speisen gerne die leichte Mittelmeerküche am Hafen von Sant Antoní, Faro, 1. Besonders die Fischgerichte im Bel Sito gehören zu dem Besten, was man auf der Insel bekommt.

Helmut's

An der Landstraße nach San José, gegenüber dem großen Hotel Arenal. Der Deutsche überhaupt. Heringssalat, Kotelett, Tafelspitz; alles, was uns zu Hause schon nicht mehr schmeckt, wird in dem gemütlichen Biergarten von Helmut perfekt gebracht. Und das mag Deutschland privat; auch das prominente Deutschland. Deshalb treffen sich bei Helmut auch die populären Sanges- und TV-Stars, wenn sie auf der Insel sind. Und das essen wir bei Helmut am liebsten: gefüllte Pfannkuchen.

Rincon de Pepe

Eine Tapas-Bar im guten alten spanischen Stil mit preiswerten Kleinigkeiten. C/San Mateo, der ideale Platz, um sich vor dem Sonnenuntergang im Café de Mar zu stärken. Denn der Sonnenuntergang, der bricht das härteste Herz. Dass es so etwas auf Ibiza gibt, lässt unsere Tränen rollen.

Sa Prensa

Der Patio: gemütlich. Das Essen: beständig. Die Bedienung: aufmerksam. Die Preise: günstig. Zusammenfassend: ein echt spanisches Restaurant mit ungekünsteltem Ambiente. Fußgängerzone bei der Calle Progresso.

Junk Food

Was will man immer edel speisen? Das gute Junk Food gibt es am preiswertesten in Sant Antoní, weil hier heiße Konkurrenz herrscht. Burger und die echten Fish 'n' Chips, wie in den alten Gassen von Liverpool. Heiß, fett, ölig, frisch.

Treffs

In Sant Antoní ist nachts der Bär los. Und zwar sowohl in den Fußgängerzonen als auch entlang des Hafens. Dabei mischt sich Liverpool mit Mannheim und Amsterdam. Unter den Treffs ragt ein Café an der Promenade weit über allen anderen hinaus:

Café del Mar

Das Gegenstück zum Mar y Sol in Ibiza-Stadt, voller interessanter Leute, die schwören, hier den schönsten Sonnenuntergang der Welt zu sehen. Das Café de Mar hat darin einen Ruf wie Rick's Café auf Jamaica. Im Mar spielt man, lacht man, macht an und verabschiedet sich. Ungewöhnlich, dass dieses schlichte Haus mit seinen weißen Holzklappstühlen gerade der Renner ist. Aber echt: Es lohnt zur frühen Abendstimmung (so ab 18 Uhr) jeden Weg nach Sant Antoní. Bevor dann, so gegen 22 Uhr, wenn die Pauschalfütterung vorbei ist, hier wieder Normalkultur einzieht. Dann verabschiedet sich der Kenner aus Sant Antoní oder macht voll mit in einem der Musik-Pubs:

The Duke

Neben der Bank Credito Balear, vor den bekanntesten Diskos von Sant Antoní. Ein englisches Pub mit allen Konsequenzen.

Pub's wohin man auch sieht

Sehr beliebt bei den jungen Engländern: Die Schaumpartys

Chicago
Videos und reißerisch-heiße, laute-ste Musik. Halt deine Ohren fest! Calle de Mar.

Murphy's Pub
Das beste irische Pub in der Stadt, tolle Musik bis in die frühen Morgenstunden.

Diskos
Es Paradis terrenal, das irdische Paradies, unser Liebling. Samstags schäumt die Disko um die Wette und die jungen Mädchen ziehen sich schneller aus als an. Das Schwimmbad in der Mitte gibt den richtigen Rahmen, die DJs kommen aus England und zum Teil von sehr bekannten Underground Clubs der Insel.

Kaoos, gleicher Besitzer wie das Paradis. Extrem schön gestylt, aber noch ohne nötiges Lust-publikum. Dafür mit interessanten Musikmischungen, die es auch als CDs zu kaufen gibt.

Sehenswertes
Besichtigen in diesem Sinn kann man eigentlich nur die alte Kirche, die auf den Grundmauern einer Moschee errichtet ist und später zum Schutz für die Bewohner des Ortes zu einer kleinen Festung ausgebaut wurde. Das Bauwerk aus dem 14. Jahrhundert bildet heute den Mittelpunkt der Stadt. Die Landbevölkerung aus der Umgebung von Sant Antoní pilgert einmal im Jahr zu dieser Kirche, am 24. August, um das Fest des heiligen Bartholomäus zu feiern.

Buchten und Strände
Zu den Buchten, die in der Nähe von Sant Antoní liegen und die wegen ihrer guten Strände gern besucht werden, gibt es regel-mäßigen Bootsverkehr ab der neuen gepflegten Hafenprome-nade, die übrigens mit EU Geldern gebaut wurde. Ab 9 Uhr fahren die Boote den ganzen Tag bis in die späten Nachmittagsstunden am Paseo Maritimo ab. Ziele sind bei-spielsweise die Cala Conta, Cala Grassió, Cala Salada, Cala Tárida und natürlich die Cala Bassa mit einem der schönsten Strände der ganzen Insel. Ein kleiner Ableger von Sant Antoní ist das rund fünf Kilometer entfernte Port del Torrent mit einer schönen Sand-bucht. Allerdings entstehen auch

hier immer mehr Hotels, Freizeit-
anlagen und Geschäfte. Zu einigen
Buchten und nach Port del Torrent
kommt man auch mit dem Bus, der
an der Haltestelle am Hafen neben
dem Telefonamt abfährt.

Info-Stellen

Das Touristik-Infobüro ist am
Passeig de ses Fonts, Tel.
971/343363. Für die Denia-Fähre,
eine echte Alternative, um auf das
Festland zu kommen, schifft man
sich am Ende des Paseo de la Mar
ein.

Post

C/Antoni Riquer, Tel. 971/340779,
von 9–14 Uhr geöffnet. Das
Telefonamt ist am Hafen 9–13 Uhr
und 17–21 Uhr geöffnet.

Taxi

Tel. 971/341721. Der Taxistand
befindet sich ebenfalls am Hafen
(Hauptplatz).

Für Notfälle

Policía Nacional: Carrer del Bisbe
Cardona 6, Tel. 971/340003. Diese
Polizeidienststelle ist für Dieb-
stahlsmeldungen zuständig. Rie-
siger Andrang im Sommer! Beim
Rathaus.

Erste Hilfe: Rotes Kreuz,
Tel. 971/340411.

Apotheke: Puget Acebo, Calle
José Balanzat, Tel. 971/340449.

Markt

Eine lebhafte Markthalle liegt in
der Calle Mallorca.

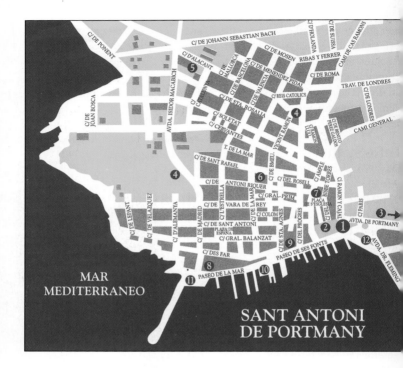

SANT ANTONI
DE PORTMANY

1	Tourismus-Informationsstelle	7	Kirche
2	Rathaus	8	Bushaltestelle
3	Polizeistation	9	Taxis
4	Markt	10	Hafen
5	Ambulanz	11	Fähre
6	Post	12	Telefonkabine

außergewöhnlich

aktuell

abgefahren

informativ

ausführlich

Unterwegs Verlag
Dr.-Andler-Str. 28
78224 Singen
E-Mail: info@unterwegs.com
Internet: www.unterwegs.de

ausgesucht

Register

Unser Wetter macht Spaß ...

Freizeitwetter

Im Event-Wetter erfährt der User die aktuellste Wetter-News sowie grundlegende Informationen zu hochinteressanten Outdoor-Events in ganz Europa. Egal ob Open-Air-Konzerte, Sport-Events oder kulturelle Highlights – alles wird abgedeckt. Das Bundesliga bzw. Formel Eins-Wetter lässt keinen Fan dieser Sportarten im Regen stehen. Und für alle, die es aufs Meer hinaus zieht, bietet wetter.com das Seewetter an.

Gesundheitswetter

In dieser Rubrik informiert wetter.com über das Wetter und seine Auswirkungen auf den menschlichen Organismus: Medizinwetter, Pollenflugvorhersage oder UV-Index halten jeden wetterfühligen Menschen auf dem Laufenden.

Reisewetter

Sicherlich eine der interessantesten Rubriken auf www.wetter.com. Schließlich geht jeder gern in den Urlaub und will über sein Reiseziel gut informiert sein. Sei es das Wetter in vielen Städten der Welt, der Urlaubsplaner oder das Herzstück des Reisewetters, die Länderdatenbank mit Tausenden von Tipps und einer Fülle an Fakten über viele Länder auf der ganzen Welt.

Sprechen Sie mit uns doch einmal über das Wetter auf Ihrer Internet-Seite

wetter.com

wetter.com AG, Werner-von-Siemens-Str. 22, D-78224 Singen
Telefon 0 77 31/8 38-0, Fax 0 77 31/8 38-19
E-Mail: info@wetter.com, Internet: www.wetter.com